RÊVES

RÊVES

80 FRANÇAISES ET FRANÇAIS IMAGINENT L'AVENIR DE LEUR PAYS

RÊVES

80 FRANÇAISES ET FRANÇAIS IMAGINENT L'AVENIR DE LEUR PAYS

À l'initiative de
Alice ZAGURY
Marlène SCHIAPPA
Gervais PELLISSIER
Matthias LERIDON
Pierre GATTAZ

DEBATS PUBLICS

À nos enfants, nos petits-enfants
et aux 68 millions de Françaises et Français
qui n'ont jamais abandonné leurs rêves pour leur pays.

Tous nos remerciements vont à Élisabeth Moreno
pour son précieux soutien à la concrétisation de cet ouvrage.

SOMMAIRE

Préface 29

Éduquer nos enfants

1. **Écoutons les jeunes : ils ont des choses à nous dire !,** Paul Aiss, cofondateur et DG de l'association Jeune & Engagé 35
2. **Éduquer nos enfants à l'économie,** Véronique Blanc, conseillère du recteur de région académique Île-de-France, en charge de la relation École-Entreprise........... 39
3. **Enfants placés : le suivi individualisé, ça marche !,** Adrien Burdet, infirmier en pratique avancée mention santé mentale 45
4. **Une école de la bienveillance et de la curiosité,** Gervanne Colboc, coprésidente AAD 51
5. **Donner aux enfants le pouvoir de l'information,** Aude Favre, journaliste....... 57
6. **Bâtir, c'est créer de l'avenir,** Eric Ferrari, président Fayat Bâtiment.. 63
7. **Construisons un autre modèle d'éducation basé davantage sur les émotions et les neurosciences,** Anne-Marie Gaultier, directrice générale en charge du marketing et de la communication chez Aldi...................... 69

8. **Être responsable de soi et de l'autre à tout âge,** Emmanuel Leclercq, philosophe, docteur en philosophie, enseignant-chercheur, fondateur de Devenir pour Agir 73

9. **Redonner envie de participer à l'aventure collective,** Éric Mestrallet, président Groupe Spes & fondateur d'Esperance banlieues 79

10. **Retrouver les chemins de la compétence dans l'enseignement supérieur,** José Milano, président exécutif du groupe Omnes Éducation 85

11. **Mettre (vraiment) fin à l'illettrisme,** Mathieu Roger-Lacan, professeur agrégé 91

12. **Refaire de la laïcité un principe phare de notre République, et ce en s'appuyant sur le rôle central qu'elle devrait avoir dès l'école,** Matthias Savignac, président du groupe MGEN , vice-président éxecutif du groupe VYV 95

Faire rayonner la culture française

13. Pour faire rayonner la culture française dans un monde numérique, bâtissons une politique de souveraineté industrielle, Mathieu Gallet, président du conseil de surveillance des Échos, président du conseil d'administration de Sciences Po Bordeaux........ 101

14. Pour que l'exception culturelle française demeure unique et iconique, elle se doit d'être plus inclusive et d'accueillir d'autres inspirations créatives, en particulier en provenance du continent africain, Laureen Kouassi-Olsson, fondatrice de Birimian Holding 105

15. Mettre l'expression créative au cœur de l'école, Matthias Leridon, président de Tilder... 111

16. Culture, création, innovation, un triptyque nommé désir, Sabine Longin, directrice générale de la Biennale de Lyon 115

17. Réaffirmer une culture de l'olympisme pour que nos différences rayonnent et soient empreintes d'excellence, Diane de Navacelle de Coubertin, directrice de l'ISF, présidente Commission éducation, culture, héritage de l'ISF, ambassadrice UNSS 121

Mettre le digital et l'IA au service de l'humain

18. **Aider notre société à s'adapter à l'intelligence artificielle afin de renforcer sa résilience,** Olivier Babeau, président de l'Institut Sapiens 127

19. **Encourager la mécanique du don grâce aux outils de l'intelligence artificielle,** Ryad Boulanouar, directeur général de Mon ami Poto 131

20. **S'appuyer sur l'extraordinaire mobilisation de données permise par l'intelligence artificielle pour inventer l'école de demain,** Aude Gueneau, CEO de Plume 135

21. **Bâtir un système universel de formation au numérique et à l'intelligence artificielle (IA) gratuit et accessible à toutes et tous,** Jean Guo, CEO de Konexio 141

22. **Développons l'intelligence artificielle pour une santé plus humaine,** Filippo Monteleone, président de CAREIT 147

23. **Réglementer l'intelligence artificielle pour le bien commun,** Gabriel Sardet, directeur exécutif associé chez ILMcie 153

Protéger notre environnement

24. Réconcilier l'industrie et l'écologie,
Hubert de Boisredon,
président-directeur général d'ARMOR GROUP,
membre du Comité de Gouvernance
des Entreprises du Medef 161

25. Poser des jalons pour basculer
vers une agriculture durable,
Marion Canale, présidente et co-fondatrice
de Cearitis 167

26. Mettre la monnaie au service
d'un nouveau projet de société,
Jézabel Couppey-Soubeyran,
maîtresse de conférences à l'Université Paris 1
Panthéon-Sorbonne, conseillère scientifique
à l'Institut Veblen, directrice scientifique
de la chaire énergie et prospérité......................... 171

27. Des crédits carbone individuels
pour verdir notre consommation,
Victor Habert-Dassault, ancien Député, avocat
et vice-président du parti Les Républicains 177

28. Les Français peuvent être
des gardiens des forêts en France
comme à l'international, Amandine Hersant,
directrice générale de Planète urgence 181

29. **Nourrir les sols pour qu'ils puissent nous nourrir,** Justine Lipuma, cofondatrice & CEO MYCOPHYTO 185
30. **Faire de la France le leader mondial du biocontrôle,** Fanny Rolet, PDG fondatrice d'Antofénol 189

Réussir individuellement et collectivement

31. **Une révolution managériale, pour que chacun suive son rêve professionnel,** Jean-Baptiste Barfety, rédacteur du rapport Notat-Senard « L'Entreprise, objet d'intérêt collectif » et directeur de la Chaire ICP-ESSEC « Entreprise et Bien commun » 197
32. **Chaque individu doit pouvoir créer ou rejoindre une entreprise, créatrice de valeurs, dans un monde où la richesse est également définie par son impact humain,** Jean-Marc Borello, président du Groupe SOS 203
33. **Instaurer un congé paternité obligatoire et allongé pour permettre une égalité professionnelle réelle entre les femmes et les hommes,** Julia Clavel, directrice stratégie et M&A, également en charge de la Pologne, l'Irlande et le Royaume-Uni EMEIS 207

34. L'égalité au cœur de toutes les transitions, Marie Eloy, présidente de Bouge ta Boite et Femmes des Territoires 213

35. Organisons la mixité sociale pour créer un nouveau récit français commun et partagé par tous !, Jade Francine, cofondatrice, directrice du développment de WeMaintain 219

36. La réussite par l'intelligence collective, Laurent Garret, CEO de Neuflize OBC 223

37. Remettre les agriculteurs au cœur de la société !, Flora Ghebali, fondatrice et coprésidente de Coalitions 229

38. Refaire nation grâce à l'inclusion économique, Said Hammouche, président de la fondation Mozaïk, conseiller au CESE 233

39. Encourager l'instauration d'un « congé de respiration » et d'engagement au sein des entreprises à l'échelle nationale, Gervais Pellissier, administrateur de sociétés, ancien directeur général délégué du groupe ORANGE 237

40. Recréons en France la force du collectif pour construire une nouvelle paix sociale, Nicolas Rousselet, président du Groupe Rousselet/G7 243

41. Construire une société où la possibilité de réussite des femmes serait équivalente à celle des hommes, Marlène Schiappa, présidente de l'ONG Actives, associée de Tilder, ancienne ministre 249

42. Créer un « incubateur de l'engagement citoyen », pour réunir et soutenir celles et ceux qui agissent au service du bien commun, Alice Zagury, cofondatrice de The Family et du Collège citoyen de France.. 255

Se sentir en sécurité et rendre la justice efficace et accessible à tous

43. Réconcilier les Français avec leur système judiciaire, Béatrice Brugère, magistrat, secrétaire générale Unité magistrats 261

44. Mettre fin au sentiment d'insécurité qu'éprouvent les femmes dans l'espace public, Assia Benziane, adjointe au maire à l'égalité et aux droits des femmes, référente « égalité » AMIF – ancienne membre du HCE et du conseil consultatif pour l'égalité du G7 265

45. Faire de la sécurité privée le troisième pilier sécuritaire du pays après la police et la gendarmerie, Pierre Brajeux, président-directeur général TORANN-France........ 271

46. La justice doit regagner le respect de tous afin de garantir le bon fonctionnement démocratique de notre pays, Laurent Marcadier, ancien magistrat fondateur et président d'Alma Conseils et Stratégie 277

47. Notre système judiciaire doit envisager les délits sous l'angle de la prévention et de la justice restaurative afin d'en limiter les cas et désengorger les tribunaux, Marie-Aude Mazetier, magistrat à titre temporaire 281

48. Menons un travail sur le long terme et en profondeur pour faire à nouveau de la sécurité l'instrument de notre liberté collective, Martine Monteil, préfet honoraire 285

49. Les Français jugés au pénal doivent bénéficier d'un dossier d'enquête équitable, Mario Stasi, avocat, président de la LICRA 291

Simplifier notre pays et renforcer sa place dans le monde

50. Soyons courageux et réorganisons en profondeur notre système de dépenses de santé et du social, Pierre Gattaz, président-directeur général de Radiall 297

51. Développer une vraie culture de la solidarité internationale en France, Catherine Giboin, présidente de la fondation Médecins du monde 303

52. Établir une nouvelle fondation républicaine capable de restituer à la France sa position de premier pays des droits de l'être humain et de la paix, Olivier Girault, directeur national UNSS - médaillé d'or olympique handball 307

53. Écrire un nouveau siècle des lumières, Patrick Jeantet, président de la Fédération des Industries Ferroviaires, ancien président-directeur général de SNCF Réseau 311

54. Redonnons du poids aux territoires en accentuant les coopérations publiques et privées, Jean-Pierre Letartre, président d'Entreprises & Cités, Groupe IRD 317

55. En finir avec l'excès des normes RSE et redonner de la liberté à nos entreprises, Philippe Louis-Dreyfus, président du directoire de Louis Dreyfus Armateurs 323

56. Simplifier pour réinventer le monde ou comment raconter la simplification autrement pour libérer les énergies de notre pays, Frédéric Messian, président de Lonsdale 329

57. Soigner l'Afrique autrement, Anne-Sophie Grouchka, directrice générale Solvd Group, présidente du Conseil d'administration d'Amref Health Africa 335

Vaincre le découragement et le pessimisme

58. Positiver et reprendre confiance en l'avenir, Nicolas Bouzou, président d'ASTERES 341

59. La gratitude doit être la lanterne des Français, Sandrine Gruda, présidente de l'association «Jeux et Enjeux», consultante et conférencière en performance. médaillée olympique 345

60. Nos politiques doivent faire preuve de courage et entendre les citoyens qui « se lèvent » pour notre démocratie, Maryline Gygax Généro, médecin générale des armées (2S), ancienne directrice centrale du service de santé des armées 349

61. Aller vers la connaissance, la liberté et la démocratie, Jean-Daniel Levy, directeur délégué d'Harris Interactive 353

62. Envoyer un Français sur la Lune dans les dix prochaines années : un rêve d'audace et de cohésion nationale, Pascal Lorot, président de l'Institut Choiseul 357

63. Ne jamais redouter l'échec,
Alexandre de Navailles, directeur général
KEDGE Business School 361

64. Notre système éducatif doit former des Français plus innovants et confiants,
Garance Pineau, directrice générale
du Medef 365

65. La devise des personnes handicapées « Rien ne se fera pour nous sans nous » doit être la norme dans notre société,
Marie Rabatel, experte violences et handicap, cofondatrice et Présidente de l'association francophone des femmes autistes 369

66. La France et les Français doivent devenir plus fraternels !, Michel de Rosen,
président du Conseil de Forvia
president du Conseil de DBV Technologies
membre fondateur de l'Institut des Solutions.... 375

67. Puiser dans ce qui est positif en France et s'inspirer de modèles,
Flore Tairraz, accompagnateur
de la performance 379

Vivre dignement

68. Sortir les maladies chroniques de l'ombre, Axelle Ayad, fondatrice et directrice générale de Mapatho 385

69. Redonner sa juste place à la diversité, Virginie Delalande, conférencière internationale, podcasteuse, auteure 391

70. En finir avec la précarité alimentaire en France, Christiane Lambert, présidente de la FICT (Fédération des industries Charcuterie-Traiteur) ancienne présidente de la FNSEA (Fédération nationale des syndicats d'exploitants agricoles) ancienne présidente du COPA (Comité européen des Organisations Professionnelles agricoles) 397

71. Ouvrir à tous le champ des possibles, Patricia Moulin Lemoine, présidente du conseil de surveillance des Galeries Lafayette........ 401

72. Apprendre à écouter et à s'exprimer dès le plus jeune âge, Priscilla de Moustier, présidente conseil d'administration de Wendel-Participation........ 405

73. Logement : réaligner les intérêts des investisseurs et des locataires,
Anne-Sophie Thomas, fondatrice & présidente de Gestia Solidaire et coprésidente du MOUVESS 411

74. Prendre soin les uns des autres,
Vendola Léonie, étudiante en économie 417

Vivre longtemps et en bonne santé

75. Les décideurs doivent écouter ce que la société civile a à leur dire,
Abdelaali El Badaoui, fondateur de Banlieues Santé 423

76. Un hôpital en bonne santé pour des patients bien soignés,
Frédérique Gautier, sage-femme 427

77. La France doit protéger et soigner les enfants victimes de violences,
Céline Greco, cheffe du service de médecine de la douleur et palliative de l'Hôpital Necker-enfants malades (Paris), Présidente de l'association IM'PACTES 431

78. Pour une école qui éveille nos enfants à une alimentation de qualité, saine, durable et savoureuse, Marie-Pierre Membrives, cheffe de projet « Cantines Rêvolution » 435

79. Faire bénéficier aux Français des dernières découvertes en neurosciences pour aller mieux grâce à l'ocytocine et à l'effet placébo !, Aurélie Merlin, médecin spécialiste (Imagerie médicale). penseuse humaniste, présidente et fondatrice de l'association think tank Acme Culture & Idée 439

80. Les femmes doivent devenir actrices à part entière de leur santé, Claire Mounier-Véhier, cardiologue et professeur de médecine vasculaire au CHU-Université de Lille et cofondatrice du fonds de dotation Agir pour le Coeur des Femmes 443

PRÉFACE

Nous vivons depuis la pandémie du Covid-19 dans une période d'inquiétude et d'angoisse existentielle, certains diraient de chaos. Sur le plan national, nous regardons une Assemblée divisée, une dissolution brouillonne, des partis extrêmes plus puissants que jamais. Sur le plan international, la guerre en Ukraine, le conflit au Proche-Orient, les perspectives des élections américaines sur fond de rivalité sino-américaine, les instabilités africaines et le recul démocratique rencontrent l'urgence absolue des enjeux climatiques et humanitaires. Le quotidien, notre quotidien, est bien souvent un quotidien fait de haine, de ressentiment et de violence, ce que Spinoza appelait les passions tristes.

Face à ce contexte tendu, les Françaises et les Français ont vécu et ont fait vivre au monde une parenthèse enchantée : celle des Jeux olympiques et paralympiques de Paris 2024. En communiant dans la joie des exploits sportifs, des valeurs de l'effort et du dépassement de soi, d'une compétition loyale et de l'engagement collectif, nous avons retrouvé, le temps d'un été, quatre éléments qui manquent cruellement à l'image de la France renvoyée trop souvent par les discours politiques : de l'espoir, de la fierté, de l'enthousiasme et l'envie de réussir.

Ce livre veut prolonger la parenthèse de cet été olympique. Ou plutôt, il veut prouver que ce que nous avons collectivement vécu cet été-là n'était pas qu'une parenthèse, une « trêve », mais le vrai visage d'un pays, la France, qui possède d'immenses réserves d'énergie collective, de travail et de créativité à offrir à lui-même et au monde.

À quatre-vingts Françaises et Français, de tous milieux, de toutes origines et de tous secteurs professionnels, nous avons demandé de nous confier un « rêve ».

Un rêve qui parte d'expériences personnelles concrètes, d'espoirs entrevus, d'obstacles rencontrés et de vie au quotidien. Un rêve qui soit porteur d'avenir et de beaucoup de bon sens. Chacun et chacune, qu'il ou elle soit élu ou apprenti, économiste renommé ou sage-femme méritante mais inconnue, dirigeant de grandes entreprises ou d'associations engagées, livre un témoignage authentique, qui a le courage de sa sincérité, la force de son imagination et de la passion pour construire un avenir meilleur.

Le résultat en est un vivier d'idées neuves et rafraîchissantes, réunies en dix thématiques. Certaines ne demandent qu'à être appliquées, d'autres fixent un cap pour l'action publique, privée ou associative, certaines sont des pistes de réflexion. Toutes s'appuient sur le réel et dessinent ce que la France a de meilleur : son refus du fait accompli, son capital d'insouciance pour continuer à rêver son avenir face aux discours de morosité.

Cet ouvrage n'est pas un programme. Il a comme unique raison d'être de « rêver pour vivre ». Chaque lecteur ou lectrice pourra adhérer ou remettre en question tel ou tel de ces rêves. Mais, cette mosaïque de rêves révèle un inconscient collectif français renouvelé, un élan volontairement positif, dont chacune et chacun est invité à se saisir.

En lisant ce livre, nous espérons que vous, lectrices et lecteurs, trouverez d'inspirantes ressources pour nourrir vos propres rêves.

Ne vous privez pas de rêver, c'est par nos rêves à nous toutes et nous tous que nous construirons la France de demain : une France solidaire, gagnante et heureuse !

Alice, Gervais, Marlène, Matthias et Pierre

ÉDUQUER NOS ENFANTS

1.

Écoutons les jeunes : ils ont des choses à nous dire !

Animateur, éducateur, formateur, responsable de structures… Paul Aiss a toujours travaillé auprès des enfants en détresse et en danger. Intervenant sur la justice dans les établissements scolaires, il devient juge assesseur au tribunal pour enfants de Pontoise en 2005, puis crée en 2016 l'association Jeune & Engagé.

Je suis dans un collège avec des profs. Qui pleurent :

« Ici, il y a deux ans, une enfant de sixième s'est pendue.

— Je sais, j'étais à son enterrement… C'est le cinquième gosse qui s'est suicidé dans le département à cause du harcèlement. »

Comment sensibiliser les enfants aux conséquences d'actes qui peuvent en tuer un autre ? En comprenant que ceux qui ont les solutions contre le harcèlement scolaire sont les jeunes qui le vivent ou le font vivre, ou en sont les témoins. Tous craignent que, un jour, ce soit leur tour.

Quand Jeune & Engagé (J & E) intervient dans un établissement, nous lui demandons de fabriquer un personnage en tissu, à taille réelle. Ce mannequin est intégré dans une classe de 6e pendant une semaine. Il se fait humilier parce que trop noir, trop blanc, trop petit, trop gros, trop jaune, trop vert… Des gosses en ont jeté un du haut d'un escalier : « C'est un sale pédé. »

Au bout de huit jours, nous revenons. Mais pas la poupée. Nous demandons :

« Tous les élèves sont là, aujourd'hui ?

— Non, il n'y a pas Fonbou [le bouffon].

— Pourquoi ?

— Ben, il a dû se suicider. Ou il a peut-être fugué. »

Les enfants imaginent la fin. Ils ne veulent pas que Fonbou meure. Alors, on commence à le rendre existant pour les élèves, on retrace son parcours[1]. Une moitié de la classe joue les protagonistes de son histoire, et l'autre moitié, les policiers.

Les cinquièmes récupèrent la situation des « gardés à vue » : l'affaire mérite-t-elle le tribunal ? Ils incarnent les parents de Fonbou, les avocats, les harceleurs…

1 Tous les cas présentés aux établissements par J & E s'inspirent d'affaires réelles anonymisées.

Les quatrièmes tiennent le procès.

Les troisièmes travaillent sur un projet de loi.

Et ça fonctionne ! Ça libère la parole.

Écoutons-les, ces jeunes, ils ont des choses à exprimer. Même ceux qui cassent, eux aussi, il faut les écouter.

Quand on m'affirme que les jeunes sont insupportables, je réponds : « Comment nous, les adultes, nous comportons-nous au volant ? Et qui est assis à l'arrière et nous voit jurer, griller des feux ? Les enfants reproduisent ce qu'on leur a montré… » De plus, nous leur assénons : « Deviens grand, tu verras, c'est génial ce qu'on fait. » Assez !

C'est à nous de nous hisser à leur niveau. De leur laisser la possibilité de dire : « Arrêtez de penser pour nous ! »

C'est pourquoi je rêve d'un véritable mouvement de jeunesse engagé, apolitique. Et que l'on présente un maximum de jeunes (à partir de 18 ans, car telle est la loi) à toutes les fonctions de l'État.

Dans un premier temps, continuons avec les outils développés par J & E afin de rendre cette action nationale. Aidés par des assesseurs, des avocats, des juges, nous avons déjà touché 90 000 enfants ! Il faudrait que tous les assesseurs passent par ce système. Et former tous les médiateurs scolaires à ces méthodes. Aller dans toutes les écoles. Du CM1 au lycée.

Ensuite, on peut monter un club dans chaque lycée, sous la forme d'une association que nous accompagnerions.

Au collège, le club serait une branche de celui du lycée local, ce qui créerait du liant entre les deux.

Il en sortira des jeunes qui voudront s'engager. Formons-les et, dans les villes, dans les régions, mettons en place des permanences – comme avec les élus – pour qu'ils puissent se battre et convaincre les voisins, les copains. D'abord, d'aller voter, pour lutter pour des valeurs, non de gauche ou de droite, mais de la jeunesse. Il faut qu'ils soient partout. Avec des députés de 18 ou 20 ans.

Une histoire : un jeune garçon sensibilisé par une action de J & E est venu nous voir : « Je peux adhérer à l'association ? » C'était Julian, placé à 15 ans par l'Aide sociale à l'enfance. Sa grande sœur, qui tentait de le protéger des sévices de son beau-père, se retrouve à 500 km de lui. Au bout de deux ans, Julian m'a soumis un projet : « Je voudrais la rejoindre. À pied. Et à chaque étape, dans chaque village, je rencontrerais des jeunes. » Avec un éducateur sportif, il devrait parcourir 500 km en quinze jours pour étreindre sa sœur[2] !

Si nous avons 2 000, 3 000 jeunes comme lui, demain, nous ferons bouger les lignes. Il faut ce contre-pouvoir, non pas politique, mais humain. Nous avons grand besoin de cette force.

2 Ce périple devait se dérouler à l'été 2024. Voir https://bit.ly/4chc6gI

2.

Éduquer nos enfants à l'économie

Normalienne et agrégée, Véronique Blanc, alors professeure d'économie et gestion, a cofondé l'association Rencontres entreprises enseignants (R2E[3]) en 2013. Inspectrice d'académie, elle a participé au rapport ministériel sur la transformation de la voie professionnelle (2018). Après huit années en administration centrale à organiser des immersions en entreprise pour les enseignants de toutes disciplines, elle est depuis 2021 conseillère du recteur de la région académique d'Île-de-France.

Mon père était miroitier. Son patron lui a dit un jour : « Peut-être que ton fils reprendra l'affaire… » À l'époque, nul ne pensait qu'une fille pouvait reprendre une entreprise. D'ailleurs, j'étais une bonne élève, mais je ne comprenais pas le monde, l'économie. Ma région, le

3 www.rencontres2e.com

Languedoc-Roussillon, connaissait un taux de chômage élevé. Je voyais que mes parents disposaient de compétences, mais ne savaient pas s'en emparer. Ma mère ne trouvait pas de travail. Et je me demandais : comment aider ?

J'ai franchi le pas il y a plus de dix ans avec mes élèves de seconde. Nous avons suivi la bande dessinée *Lucy et Valentin créent leur entreprise*[4] étape par étape. Chaque cours abordait une notion, tout en respectant le programme, et les élèves produisaient en groupe.

Ils étaient enthousiastes et saisissaient des concepts aisément, puisqu'ils les jouaient. Certains ont imaginé un restaurant pour chiens, d'autres des robots pour aider des personnes handicapées à marcher. En fin d'année, l'un des élèves, considéré comme plutôt faible, avait intégré des notions pas évidentes telles que la TVA. À l'heure de présenter le projet, il est arrivé avec un petit costume en disant : « Je joue le jeu ! »

Les élèves de seconde ont 15 ou 16 ans, un âge où ils ont de l'argent de poche, des besoins, un accès à l'information, etc. Ils sont donc capables d'appréhender des concepts économiques simples et d'apprendre en jouant à « l'entrepreneur ».

4 Guilhem Bertholet, Antoine Goursolas et Sylvain Tillon, *Lucy et Valentin créent leur entreprise*, à télécharger sur www.lucyetvalentin.com

En outre, œuvrer sur un projet avec les élèves change leur regard sur l'économie, sur l'entreprise, mais aussi sur eux-mêmes et sur l'enseignement. C'est également une façon de travailler en équipe, de manière transversale (on utilise les mathématiques, le français, l'anglais, les outils de bureautique…).

Cette initiative se poursuit depuis plus d'une décennie, notamment avec l'association R2E, dans toutes les académies, avec des professeurs de nombreuses disciplines. Nous l'avons démontré : ça marche !

Mon rêve est que tous les jeunes, en France, puissent désormais expérimenter ce que recouvre l'économie, en œuvrant à un projet collectif de création d'entreprise ou d'association.

Il faut positionner dans le parcours de TOUS les lycéens un horaire et un programme qui permettent de vivre cette expérience – par exemple, une heure et demie à deux heures par semaine, en classe de seconde, dans les trois voies : générale, technologique, professionnelle. Cela peut s'envisager en adaptant certains programmes qui existent déjà.

Ainsi, en lycée général et technologique, l'option « management et gestion » (qui n'est pas encore proposée partout) pourrait s'enseigner en mode « création d'un projet entrepreneurial et associatif ». Tous les enseignants d'économie et gestion comme de sciences économiques et sociales ont déjà la capacité de le faire. Mais pas seulement eux ! On pourrait par exemple former un enseignant volontaire par établissement à ce programme, qui demande des connaissances et du bon sens que tout professeur possède.

Il faut aussi veiller à intégrer les acteurs économiques locaux. L'école et l'entreprise ont besoin de se connaître – et cela vaut dans les deux sens – pour se faire confiance. Mon engagement est de développer cette relation, à tous les niveaux et, surtout, localement. C'est là que l'on est le plus efficace.

L'économie permet de satisfaire nos besoins. Les grandes entreprises et les administrations ne sont pas les seules à y répondre, bien au contraire. Les TPE-PME[5] représentent plus de 90 % des entreprises françaises et, le plus souvent, ce ne sont pas les grandes entreprises ou les administrations qui y répondent, mais elles. Il est important que les élèves le comprennent et acquièrent cette conscience : je peux prendre les choses en main et apporter ma pierre à l'édifice en entreprenant – peut-être pas tout le temps, mais à un moment donné de ma vie – ou en intraprenant[6]. Car, bien sûr, on peut entreprendre en interne, au sein

5 Très petites entreprises (moins de 10 salariés) – petites et moyennes entreprises (10 à moins de 250 salariés).
6 Intraprendre/intrapreneuriat : mener ou développer un projet au sein d'une organisation.

d'une entreprise, d'une administration, d'une association ou encore dans l'économie sociale et solidaire, ce dont on ne parle pas assez[7]. Beaucoup de projets que montent les élèves sont des associations ou des entreprises à mission sociale ou environnementale forte.

Voilà des clés qu'il faut leur donner, non pas pour créer une génération d'autoentrepreneurs, mais pour qu'ils fassent quelque chose d'utile et de beau. Pour montrer que chacun, quels que soient son genre et son milieu d'origine, peut, s'il le souhaite, devenir « patron » à un moment de sa vie. C'est cela qui crée un équilibre, donne du sens à son action, et engendre le bien-être et le bonheur.

7 L'économie sociale et solidaire (ESS) représente environ 10 % du PIB et près de 14 % des emplois privés. Voir www.economie.gouv.fr/economie-sociale-et-solidaire-ess et www.ess-france.org/chiffres-cles-ess

3.

Enfants placés : le suivi individualisé, ça marche !

Sous-officier de gendarmerie pendant douze ans, Adrien Burdet intègre ensuite l'école d'infirmiers afin de travailler aux urgences. C'est lors d'un stage qu'il découvre la pédopsychiatrie, qu'il ne quittera plus, œuvrant en Institut médico-éducatif, puis comme coordinateur d'équipe mobile de pédopsychiatrie et formateur en licence de sciences infirmières. « Mon cheval de bataille, résume-t-il, ce sont les enfants. »

À la veille des vacances scolaires, l'Aide sociale à l'enfance (ASE) m'appelle : « On a un problème avec tel foyer. Étant en sous-effectif, il ne peut plus accueillir Julien[8], qui a trop de troubles du comportement. Donc, il faut… une

8 Les prénoms cités dans cette contribution ont été modifiés.

hospitalisation. » Un autre jeune, que j'ai suivi, a eu six référents ASE en cinq ans. Comment des enfants abandonnés par leur famille ou ayant subi des violences peuvent-ils se reconstruire dans ces conditions ? Et je ne parle même pas de la stigmatisation qu'ils subissent.

Une étude de l'Insee souligne que 23 % des personnes sans abri ou ayant été au moins une fois sans abri sortent de l'ASE[9]. Et seuls 29 % des enfants de 18 ans placés en famille d'accueil ont le bac[10].

Rappelons que l'ASE est à la charge des départements, ce qui crée déjà des inégalités. Il existe le placement complet[11], en famille d'accueil ou en maison d'enfants à caractère social (Mecs), et le placement éducatif à domicile – chez les parents, avec une veille éducative renforcée, qui compense fréquemment le manque de places dans les Mecs[12].

Celles-ci ont d'ailleurs fait l'objet d'un rapport choc[13], qui rappelle le scandale Orpea. Il dénonçait les conditions

9 Isabelle Frechon et Maryse Marpsat, « Placement dans l'enfance et précarité de la situation de logement », https://bit.ly/4d6tSmQ

10 Lire : https://bit.ly/4emYmlF

11 À fin 2022, près de 180 000 mineures étaient en placement complet dans le cadre de l'ASE et plus de 170 000 en milieu ouvert : https://bit.ly/3B5PwKH

12 « 77 % des juges des enfants ont déjà renoncé à prendre des décisions de placement d'enfants en danger dans leur famille en raison d'une absence de place ou de structure adaptée à leur accueil » : lire « La justice protège-t-elle les enfants en danger ? État des lieux d'un système qui craque », Syndicat de la magistrature, https://bit.ly/47yugto

13 https://bit.ly/4gps1MV

d'accueil et de recrutement, avec de la violence physique ou morale dans certains établissements, de la « maltraitance passive », c'est-à-dire le fait de ne pas satisfaire les besoins primaires de l'enfant, comme lui lire une histoire le soir ou avoir une écoute active. Dire à un enfant « Je n'ai pas le temps » à cause du manque de personnel, c'est inadmissible !

De plus, le Département sous-traite souvent à des associations ou à du privé – comme cela se fait dans les Ehpad – avec un contrôle insuffisant.

Et on manque de référents ASE. Or le référent est censé connaître le jeune, bâtir et gérer avec lui son parcours de vie, faire le lien avec le département, avec la Mecs ou la famille d'accueil, le représenter devant le juge lors des audiences... À l'école, on parle beaucoup d'inclusion, de projet personnalisé. Mais les gamins de l'ASE, eux, n'en ont pas, car l'entourage qui devrait les protéger est insécurisant.

Alors, mon rêve, c'est l'universalité du droit des enfants. C'est que chaque enfant placé bénéficie d'une personne de confiance, stable, qui puisse adapter son projet de vie.

Aujourd'hui, sauf exception, c'est l'ASE qui représente l'enfant auprès du juge qui décide de l'éventuel placement. Pourtant, toute personne a le droit d'être défendue par un avocat. Mais pas un gamin quand il s'agit de placement !

Or s'exprimer devant ses parents, devant le juge, peut être très difficile. Et les mesures de placement sont en général revues tous les ans. Chaque année, le gamin revit ce calvaire et, dans le mois précédent, il « part en sucette » quasi systématiquement. Donc, pour commencer, tout enfant placé devrait avoir le droit à un avocat rattaché à l'ASE, qui connaisse la loi et les enjeux.

Il faut aussi davantage de référents. Car créer de la stabilité autour de l'enfant passe par une relation de confiance avec un adulte. Pour penser le projet de l'enfant à chaque étape. Pour l'individualiser.

Un exemple. Louis a 8 ans et a vécu l'horreur – violé, tabassé… Il est envahi par une angoisse massive. On le place en famille d'accueil. Qui en bave, mais ne lâche pas. On instaure des entretiens avec cette famille, d'abord hebdomadaires, ensuite mensuels. Puis Louis est orienté en I^{e}, car il est entravé par ses angoisses. Nous poursuivons la prise en charge. Nous lui créons une atmosphère sécurisée. Un enseignant du primaire se mobilise pour lui. Tout le monde reste solide autour de lui. Aujourd'hui, il a 13 ans. Il va dans un collège public, il va mieux, et ses résultats sont corrects. Louis est la preuve que le travail en équipe pensé et individualisé, ça marche !

Cela aurait un coût ? Mais un tiers des personnes qui sortent de l'ASE sont en mauvaise santé ! Ça ne coûte pas à la société ? Et les hospitalisations parce qu'on n'a pas de places en Mecs, ça ne coûte pas ?

Alors, voulons-nous mettre de l'argent pour panser les plaies ou pour éviter les plaies ?

4.

Une école de la bienveillance et de la curiosité

Depuis plus de 30 ans, Gervanne Colboc travaille dans l'univers de l'art contemporain. Après avoir été Commissaire-priseur, elle préside aujourd'hui AAD-Fund une ONG qui développe notamment des bibliothèques scolaires en Afrique. Au cours de ses nombreuses rencontres avec les enseignants et les collégiens, elle a développé une réflexion sur les enjeux de l'apprentissage scolaire et le bien-être des enfants.

Les maux de l'école sont aussi liés aux mots qu'on lui associe.

À écouter les ministres de l'Éducation nationale qui se sont succédé ces dernières années, on croirait que l'école, en particulier dans les premières années de la maternelle et du primaire, est devenue un lieu tourné vers la compétition, la performance, la préparation au monde du travail. On entend parler d'uniforme et de respect de l'autorité avant de se demander ce qu'on cherche à transmettre ou des fenêtres vers l'imaginaire que l'on cherche à ouvrir. On oublie les raisons profondes qui font que l'école peut, et même doit, changer la vie d'un enfant en permettant son épanouissement.

Comme mère, j'ai vu mes enfants traverser des moments de souffrance face à la rigidité du cadre éducatif. Multiplier les enseignements, apprendre les langues plus jeunes est évidemment une chance et un beau rêve. Mais cela ne doit pas nous faire tomber dans une course effrénée à la performance. Les meilleurs établissements du système anglo-saxon ou les écoles Montessori ont démontré que d'excellents résultats pouvaient venir d'une pédagogie qui sait s'adapter à chaque enfant, selon ses besoins et ses désirs, dans sa différence profonde.

L'école est avant tout un lieu où l'on fait l'apprentissage du vivre-ensemble. Chaque enfant y découvre qu'il existe d'autres modèles familiaux que le sien, d'autres manières de voir le monde, d'autres façons d'approcher les problèmes. Elle doit toujours rester un refuge à la porte duquel chaque enfant a le droit d'être allégé des turbulences de sa vie familiale ou personnelle.

Aujourd'hui, les études mesurent qu'un trop grand nombre d'élèves français perçoivent l'école comme un lieu contraignant, où ils ressentent une pression. À ce discours répété sur l'exigence, il faut opposer un vrai changement de paradigme, qui rende, en particulier dans les petites classes, sa place à la gratuité du plaisir d'apprendre et de découvrir, sans recherche du résultat, de la validation par les notes et des sanctions. Sans oublier le plaisir de la découverte, la possibilité pour tous de prendre les chemins de traverse, de flâner et de laisser du temps pour aiguiser son esprit curieux. Je rêve d'une école aux portes ouvertes, d'une école de l'écoute constructive face aux questions des enfants.

Ce changement d'approche est d'autant plus nécessaire aujourd'hui, car à l'heure où les outils d'intelligence artificielle prennent une place de plus en plus importante dans nos vies et tant que l'on s'enferme dans le paradigme de la « réussite », le risque serait que les enseignants se transforment en superpoliciers d'enfants tentés d'utiliser ChatGPT pour obtenir le meilleur résultat.

La problématique du harcèlement, contre laquelle de nombreux dispositifs ont heureusement été mis en place ces dernières années, est un exemple frappant. Je crois que nous approchons le problème de façon trop policière, sans questionner l'ensemble de notre système. La mise en concurrence des élèves dès le plus jeune âge a aussi pour conséquence de laisser la porte ouverte à des rapports plus conflictuels et plus violents. Car l'attitude des enfants est le reflet de l'environnement dans lequel on les fait vivre.

Je crois qu'il est plus important encore de repenser notre rapport à l'école en plaçant au centre de celle-ci deux notions trop souvent mises de côté : la bienveillance et la curiosité. Bienveillance de l'institution envers chaque élève et bienveillance des élèves entre eux. La bienveillance crée un cercle vertueux, qui donne à chaque enfant la confiance qu'il mérite d'avoir en lui-même et qui lui donne envie de découvrir davantage.

Avec la fondation que je codirige, African Artists for Development, nous avons ouvert de nombreuses bibliothèques dans des écoles africaines, où des artistes ont créé des œuvres et sont venus à la rencontre des enfants. Tout à coup, nous avons vu ces lieux de savoir, qui sont parfois intimidants ou difficiles à appréhender pour de jeunes personnes, devenir des lieux de vie, de liberté créative et de curiosité.

C'est cette école de la bienveillance qui me semble le meilleur creuset pour stimuler la curiosité des élèves face au monde, en les poussant aussi à pratiquer davantage de disciplines créatives, selon leurs désirs : le dessin, la musique et le chant, l'écriture libre, le sport, la danse… Il ne s'agit pas de faire entrer ces disciplines dans le « cursus » scolaire en y adossant de nombreux critères de notation, mais de donner une place aussi importante que celle des mathématiques ou des langues à des terrains qui favorisent l'expression, la curiosité et la confiance en soi.

5.

Donner aux enfants le pouvoir de l'information

Journaliste, youtubeuse et présidente de l'association Fake Off, Aude Favre a pris part à la commission « Les Lumières à l'ère numérique ». Elle a aussi fondé Citizen Facts, rédaction collaborative qui permet à tout citoyen d'enquêter avec des professionnels des médias. Diffusée sur Arte, la série tirée du projet a été primée aux Assises internationales du journalisme de Tours.

Internet permet l'accès à une connaissance infinie. Pourtant, ce qui pourrait être une formidable encyclopédie favorise très largement nos croyances, nous enferme dans des schémas de pensée sclérosés, nous fait parfois basculer dans l'irrationalité, nous divise. C'est en lisant le livre du sociologue Gérald Bronner (*La Démocratie des crédules*) en 2015, que j'ai compris cela, et que j'ai décidé d'agir contre la désinformation en créant ma chaîne YouTube *WTFake !*.

Ma toute première vidéo, intitulée « Qui dit, prouve ! », vulgarisait les toutes premières pages de ce livre. J'y expliquais un concept fondamental, une forme d'hygiène mentale accessible à tout un chacun, pour ne pas se faire manipuler : la charge de la preuve incombe à celui qui affirme. En clair : ce n'est pas au « fact-checkeur » (« vérificateur ») de démontrer quoi que ce soit ; c'est à la personne qui affirme (que Bill Gates a créé le COVID ou que la terre est plate, par exemple) d'apporter tous les éléments nécessaires à sa démonstration.

Cette logique de base, combien d'élèves l'acquièrent durant leur scolarité ? Je n'ai pas la réponse. Au vu de ce que nombre de professeurs me confient lorsque je me déplace dans les établissements scolaires, j'ai bien peur que le nombre d'élèves bénéficiant d'une formation à cette question soit en réalité peu conséquent. Donner une réelle place à l'éducation aux médias dans le parcours scolaire des élèves relève souvent, pour les professeurs documentalistes, d'un combat.

De même, alors que les outils numériques sont ancrés dans le quotidien des jeunes (avec parfois des dizaines d'heures d'utilisation par semaine !), la logique des réseaux sociaux, le business qui est fait de leurs données, les dangers inhérents à ces outils et les formes de radicalisation dans lesquelles ces derniers peuvent les entraîner leur échappent en général complètement.

Les parents, souvent hermétiques à TikTok et autres réseaux prisés des adolescents, se retranchent souvent derrière l'illusion que leurs ados, étant nés avec ces outils, les maîtrisent. Mais qu'appelle-t-on « maîtriser » ? Quand je me déplace auprès de classes de 3e, la plupart des élèves ne savent pas effectuer une recherche correcte sur Google.

Ajoutons à cela le pouvoir d'attraction extraordinaire de certains discours conspirationnistes. En jouant sur le narcissisme des internautes et sur leur envie de se démarquer, les complotistes parviennent à mobiliser très rapidement des communautés qui ont la sensation d'avoir enfin « tout compris ».

De plus, les dealers de complots sont en général les grands gagnants des algorithmes ! En effet, les réseaux sociaux mettent très souvent en avant les contenus faux, trompeurs, biaisés et radicaux, pour de simples raisons économiques (cela attire plus, ce qui génère plus d'argent des publicités).

Mais tout cela, nos futurs citoyens le savent-ils ? Malgré les efforts de certains acteurs de la culture, de l'éducation nationale, malgré toute la bonne volonté des associations, tout permet d'en douter.

Mon rêve est que chaque citoyen français arrivant à sa majorité ait le bagage intellectuel nécessaire pour décortiquer les discours trompeurs et manipulateurs. C'est une question vitale, pour eux comme pour notre société toute entière.

Il faudrait pour cela, se pencher en priorité sur les programmes scolaires. Il faut, dans toutes les matières, éduquer à la recherche de la bonne information, du bon interlocuteur, de la bonne source. On peut par exemple étudier en sciences de la vie et de la Terre (SVT) les fraudes scientifiques et les façons de falsifier les données ; en histoire, la stigmatisation de communautés à travers les théories du complot et leurs terribles conséquences; en mathématiques, les graphiques trompeurs ; en français, tout ce qui relève des ficelles rhétoriques, des arguments fallacieux. Cela peut être fait, parfois, par les professeurs enseignant ces matières, mais au vu de ce que j'observe en me déplaçant chaque année dans des dizaines d'établissements, cet enseignement des multiples formes de manipulation, et surtout des techniques pour les déjouer n'est clairement pas systématisé.

En filigrane, cette idée trop souvent oubliée et pourtant fondamentale : l'information, c'est le pouvoir. Voilà la vraie force d'attraction du journalisme. A chaque fois que je réalise une enquête en collaboration avec des jeunes (comme nous faisons par exemple à *Fake Off !*), ou avec des adultes (comme je l'ai fait dans le cadre de la série *Citizen Facts* sur Arte), l'effet sur eux est le même : il est jouissif d'avoir des informations solides, surtout lorsqu'il s'agit de confronter le menteur à ses fake news.

Il y a quelques temps, dans le cadre d'une enquête sur l'existence des fées, des CM2 ont interviewé un influenceur qui racontait n'importe quoi à ce sujet. Devant leurs yeux, en direct, ce tiktokeur aux millions d'abonnés s'est décomposé. Il était démasqué. Il n'y pas d'âge pour avoir le pouvoir – et plus tôt on le prend, mieux c'est.

6.

Bâtir, c'est créer de l'avenir

Ingénieur diplômé de l'ESTP, Éric Ferrari a consacré sa vie à la construction. Il a commencé sa carrière au sein de la société Fougerolle (devenue Eiffage en 1996) de 1987 à 2000. À la demande de Clément Fayat, il rejoint le Groupe Fayat en tant que dirigeant. Il est l'artisan du développement de l'activité Bâtiment au sein du Groupe, et a fondé Fayat Bâtiment dont il est devenu Président. Il est l'auteur du Pouvoir de la construction *(Éditions Débats Publics, 2024).*

Le mot *construction* nous renvoie à l'épopée des bâtisseurs de cathédrales et plus récemment aux grands ouvrages d'art des illustres architectes et ingénieurs français, à l'histoire légendaire du compagnonnage et souvent à des représentations héritées du passé – passé glorieux, mais passé tout de même. Mon rêve consiste à reconnecter cette aura historique tricolore de la construction avec notre vision collective de l'avenir.

L'écrivain et philosophe Paul Valéry disait: « De tous les actes, le plus complet est celui de construire. » Dans un monde moderne qui manque souvent d'enthousiasme et de vision, la construction nous montre la voie. Elle constitue la valeur de l'effort et de l'accomplissement collectif. Elle nous montre qu'on peut toujours repousser les frontières de l'impossible lorsqu'on se fixe un cap et qu'on s'associe intelligemment pour le mettre en œuvre.

Les préjugés autour du BTP sont nombreux: l'imaginaire du béton – dont on méconnaît souvent le caractère naturel –, la dépréciation très française pour les métiers techniques et manuels, la méconnaissance qu'on a des chantiers et de leur complexité, humaine, technologique, logistique… Il y a tant à apprendre et à découvrir pour ouvrir les yeux de notre société, et en particulier des jeunes générations, sur les défis de la construction, sur sa beauté esthétique et sociétale, sur son potentiel de création de valeur et de fierté.

Certes, les métiers de la construction ne datent pas d'hier. Mais ils n'ont jamais cessé de se transformer. Les méthodes ont évolué et, avec elles, les matériaux. Au cours des siècles, les techniques de construction ont progressé, passant des maisons en terre cuite des anciens Grecs et Romains à la brique et au béton.

Après avoir utilisé les animaux pour tirer de lourdes charges et pour aider à la construction de bâtiments, avec l'avènement de la mécanique, les hommes les ont remplacés par des machines motorisées qui ont facilité le transport de matériaux. Aujourd'hui, construire, c'est allier le meilleur du travail de la main au meilleur de l'intelligence humaine et au meilleur de la puissance numérique. Depuis toujours, la construction est symbole d'excellence technologique.

Comme le monde qui nous entoure, depuis des décennies, l'industrie se dématérialise, se digitalise et, ce faisant, donne de nouvelles opportunités au secteur de la construction. Avec tous les procédés inédits qui voient le jour, le champ des possibles ne cesse de s'élargir. Nos métiers sont de plus en plus à la pointe de la modernité, rattrapant le retard que nous avions sur d'autres industries. Notre métier est technique, technologique et on ne compte plus les innovations à développer et les brevets déposés.

Pensons aux nouveaux systèmes de traitement de l'air et de l'eau ; à la gestion technique des bâtiments, aux technologies intelligentes ; à la capacité à inverser les atomes à l'intérieur des vitres, ce qui permet de les occulter ; aux panneaux solaires ultramodernes qui pourraient donner à un immeuble une autonomie énergétique tout en respectant l'esthétisme de la ville où ils sont installés. Construire aujourd'hui, c'est donner une leçon de dissimulation de la technologie derrière la construction. L'intelligence technologique est tout aussi déterminante lorsqu'il s'agit de réhabilitation de constructions préexistantes. Du design architectural au fonctionnement du bâtiment, le secteur de la construction d'aujourd'hui et de demain utilise ce qui se fait de mieux en termes de technologies et d'engagements humains. Cette dimension est encore trop méconnue du grand public.

À toute époque, la définition des lieux où l'on vit, où l'on travaille, où l'on se cultive, où l'on se soigne, où l'on scolarise ses enfants est un enjeu crucial autant qu'un défi collectif qui engage l'identité profonde de notre société, qui en dit long sur nous et sur les traces que nous laisserons dans l'histoire.

La construction est au cœur des plus grands défis de la société, et elle est aussi au centre de nos activités les plus quotidiennes. Cette dimension incroyablement enthousiasmante donne des chantiers parfois vertigineux, mais dont ceux et celles qui les ont menés à bien retirent une immense fierté.

C'est la raison pour laquelle je rêve que nos métiers soient systématiquement présentés aux lycéens et aux étudiants, afin qu'ils envisagent les filières du BTP autrement, comme des métiers destinés aux plus curieux et aux plus ambitieux. Des métiers où la réussite est engagée parce qu'elle laisse une trace pour soi et pour la société.

La construction n'est pas un métier du passé ; c'est un métier ancien qui a toujours été tourné vers le futur.

Je rêve qu'aujourd'hui plus que jamais, le rêve d'appartenir aux bâtisseurs de demain fasse… rêver !

7.

Construisons un autre modèle d'éducation basé davantage sur les émotions et les neurosciences

Anne-Marie Gaultier est directrice générale en charge du marketing et de la communication d'une enseigne de distribution. Elle a débuté sa carrière dans la publicité au sein de grandes agences aux États-Unis. En France, elle devient directrice générale de Saatchi puis directrice marketing et communication au sein de différents groupes. Elle a aussi fondé une start-up spécialisée dans les neurosciences.

J'ai la chance d'avoir profité d'une double éducation franco-américaine et d'avoir vécu de nombreuses années aux États-Unis et en France, lors de mon cursus scolaire et professionnel. L'apprentissage au sein de plusieurs pays m'a permis de comprendre les différences de pédagogie et d'état d'esprit. J'ai eu l'honneur d'être professeure à Sciences-Po pendant huit ans. Cela a été une expérience très enrichissante qui a forgé, chez moi, un profond intérêt pour l'éducation de nos enfants.

Or, je suis effarée aujourd'hui par l'effondrement du niveau scolaire des jeunes français, en témoigne le classement Pisa où notre rang ne fait que chuter ces dernières années.

Je rencontre aussi de nombreux adolescents qui s'avouent perdus dans leur orientation et qui n'ont pas la moindre idée de ce qu'ils veulent faire plus tard. C'est un signal d'alarme très préoccupant pour notre société.

Plus tôt dans ma carrière, j'ai participé au développement d'une start-up, Datakalab, qui mesurait les émotions à travers des outils issus des neurosciences. Nous étions convaincus de l'importance des émotions dans la publicité ou dans l'éducation. Les émotions, en effet, stimulent l'hippocampe, responsable d'engraver les informations dans le disque dur du cerveau.

Nous avons travaillé avec des écoles pour améliorer l'engagement émotionnel des élèves et pour nous assurer que les contenus des cours étaient vraiment mémorisés par les étudiants. Il faut donc davantage s'appuyer sur les émotions et les neurosciences pour améliorer la transmission des savoirs.

Par ailleurs, je crois qu'il faut réduire sensiblement la durée des cours. Il a été prouvé scientifiquement que la concentration optimale d'un cerveau est de vingt minutes. Les cours en France sont trop longs et les classes surchargées.

Je crois aussi qu'il faut instaurer des cours d'empathie tels qu'ils existent dans les pays nordiques. Rien à voir avec l'éducation civique, il s'agit là de comprendre l'importance de l'écoute active, de l'attention envers l'autre et du dialogue.

Nous devons aussi, dès le plus jeune âge, exposer nos enfants à toute la palette des métiers qui s'offrent à eux. Trop souvent, les enfants réduisent leurs options entre les matières scientifiques et les matières littéraires, les écoles de commerce ou les écoles d'ingénieurs. Il s'agit d'impliquer les parents, en leur demandant de venir à l'école présenter leur métier. Cette présentation pourrait se faire selon le format *TEDx*, qui a prouvé son succès, à savoir une prise de parole de vingt minutes enthousiasmante sur des sujets très variés. L'idée est de montrer des personnes animées par leurs passions devant un parterre d'élèves et de parents pour susciter des vocations en remettant le plaisir au cœur du choix de son métier.

Nous devons aussi apprendre à nos enfants l'échec. Aux États-Unis, il existe des *Fail Conferences* à travers lesquelles l'échec est mis en valeur comme une source d'apprentissage et de réussite. En France, on fait tout pour éviter d'en parler. En conséquence, on encourage des personnes à ne pas prendre de risques par peur de l'échec. Il faut renverser cette mentalité.

Je crois, en conclusion, qu'il est essentiel de nourrir constamment la curiosité de nos enfants. Il faut donc agir à la fois sur la façon d'apprendre, en intégrant dans notre pédagogie les neurosciences, et sur le contenu de l'apprentissage, en s'appuyant sur une plus grande diversité de sujets au-delà des sujets strictement académiques.

Nous avons tous un cerveau et un cœur. L'éducation de nos enfants doit s'employer à agir sur les deux. C'est fondamental pour appréhender le monde de demain où l'IA et les algorithmes prendront plus de place. Nous devons donc impérativement imaginer dès maintenant cette école alternative qui accepte la différence, qui accepte l'enfant qui ne rentre pas dans les clous, une école où on ne s'adresse pas qu'à un cerveau mais aussi à un cœur et à un esprit.

8.

Être responsable de soi et de l'autre à tout âge

Emmanuel Leclercq, docteur en philosophie, enseigne depuis plus de 15 ans auprès des lycéens et d'étudiants en école de commerce. Essayiste il est l'auteur de 9 livres. Son souci permanent de démocratiser la philosophie l'a conduit à fonder «Devenir pour Agir», la première plateforme numérique d'interviews philosophiques de grandes personnalités, les rencontres philosophiques du Nolinski Paris, et les dîners philosophiques au Palais royal restaurant Paris. Sa chaîne YouTube «Devenir pour Agir» relate toutes ses entreprises au service de la nouvelle génération de la paix.

Lors du premier cours de l'année, je demande à chacun de mes élèves : « Quelle est ta plus belle qualité ? » Mais, souvent, ils me racontent… leurs défauts. Je leur explique alors : « Mettez votre qualité au service de votre classe, de votre promotion. » Cela donne un sens à ce qu'ils font.

L'épanouissement est le fondement de la réussite, et non l'inverse. C'est en réalisant son potentiel que chacun peut contribuer à la société. Mon rêve pour la jeunesse est donc de créer un système inclusif, holistique[14] et adaptatif, qui offre à tous les outils pour s'épanouir.

Cela suppose un accès équitable à une éducation de qualité, à des politiques éducatives inclusives et à des investissements significatifs dans des infrastructures et des ressources adaptées. Il faut aussi revaloriser les enseignants. Comment voulez-vous que nos jeunes aient confiance en l'éducation si elle est la dernière roue du carrosse ?

« L'éducation n'est pas la préparation à la vie, l'éducation est la vie elle-même », soulignait John Dewey[15]. Il faut ainsi considérer le développement intellectuel, émotionnel, social et moral des jeunes, et donc proposer un apprentissage intégré qui valorise la créativité, la pensée critique, la collaboration et le bien-être.

La mesure phare que je propose : un mentorat intergénérationnel. Encourageons les étudiants plus âgés et les professionnels à devenir mentors des jeunes. Établissons une

14 Holistique : qui considère son sujet dans sa globalité.
15 Psychologue, philosophe politique et pédagogue américain (1859-1952), proche des sociaux-libéraux. Voir http://dewey.ehess.fr/john-dewey/

véritable politique pour devenir parrain d'un étudiant. Il faut personnaliser l'accompagnement : tu as des qualités, je vais t'aider à les développer. Cela pourrait même déboucher sur une proposition de contrat dans l'entreprise du mentor. En outre, bien des personnes à la retraite n'attendent que de se sentir utiles.

Ce mentorat se pratiquerait sous forme de bénévolat, peut-être avec une prime. Il pourrait même fonctionner dans les deux sens. Pourquoi des jeunes ne parraineraient-ils pas des personnes âgées, qui se sentent abandonnées dans les Ehpad ? Pourquoi, après les cours, ne pas y aller discuter un quart d'heure ?

Cette intergénérationnalité est un levier fondamental et ne coûte rien à personne.

Dans le même esprit, favorisons les partenariats au sein de la communauté, en impliquant les entreprises et les associations locales, pour créer des programmes éducatifs après l'école. Organiser cela à l'intérieur du système pédagogique – on inscrit l'enfant dans son établissement et aux activités d'une seule signature – faciliterait les choses pour les parents, les éducateurs… et les jeunes.

Je suis aussi favorable à une sorte de « service militaire », même d'une semaine. Beaucoup de jeunes sont livrés à eux-mêmes, ne dînent même pas en famille…

Pourquoi ne pas les aider pendant un moment à vivre en société, avec des règles concrètes, et sans téléphone portable ?

Il faut d'ailleurs bannir les téléphones portables de l'école[16]. Les jeunes y sont connectés en continu, même durant les cours, et c'est encore pire lors des récréations. On ne se parle plus du tout !

Bref, réapprendre à vivre en société est essentiel. Par exemple, comment entrer dans le monde adulte si l'on ne connaît pas les lois ? Instaurons des ateliers de droit – voilà ce qu'on nous demande, ce qui est interdit et pourquoi –, mais aussi des ateliers de savoir-être : lorsque l'on arrive dans une institution, on ne s'habille pas n'importe comment, on n'est pas en vacances.

Enfin, intégrons l'éducation environnementale dans les programmes dès le plus jeune âge, en créant un jardin, en cultivant des légumes pour la cantine, ou en ayant des animaux à l'école. Un établissement de Nantes où j'ai enseigné abritait un parc avec des chèvres. Les élèves allaient les voir tous les jours. Cela crée de la confiance, une ouverture à l'autre, et apaise les tensions.

16 La loi du 3 août 2018 interdit l'utilisation des téléphones portables et tablettes dans les écoles et collèges (www.education.gouv.fr/interdiction-du-telephone-portable-dans-les-ecoles-et-les-colleges-7334). Toutefois, l'application de la mesure reste difficile, et les téléphones portables sont autorisés au lycée. Voir https://bit.ly/4bTHjX3

Toutes ces mesures peuvent se mettre en place sans un budget faramineux.

Il faut changer de regard sur le monde pour que le monde aille mieux. Dans la lignée du philosophe Paul Ricœur[17], considérons l'éducation comme un moyen de former des citoyens éclairés, critiques et responsables, capables de contribuer positivement à la société. Nous devons être, toutes générations confondues, responsables du monde, responsables de l'autre, mais avant tout responsables de soi. C'est ainsi que nous deviendrons des artisans du changement.

17 Emmanuel Leclercq est l'auteur de la thèse « La sagesse pratique chez Paul Ricœur : une "prudence" pour aujourd'hui ? » et du livre *La Sagesse pratique chez Paul Ricœur* (Édilivre, 2017).

9.

Redonner envie de participer à l'aventure collective

Diplômé de l'École nationale supérieure des arts et métiers, et titulaire d'un DEA en gestion des organisations, Éric Mestrallet a été assistant parlementaire, consultant en stratégie opérationnelle et chef d'entreprise. Une question l'a toujours guidé : comment « faire société » ? Il a cosigné avec Harry Roselmack Espérance banlieues. Un nouveau modèle d'école, pour mieux lutter contre l'échec scolaire et les tensions communautaires[18].

En France, cent mille élèves par an quittent le parcours scolaire sans aucun diplôme[19]. Et une personne à qui l'on renvoie qu'elle est nulle, pour survivre, va penser que

18 Éditions du Rocher, 2015.
19 En 2022, en France, 7,6 % des 18-24 ans n'avaient aucun diplôme : www.insee.fr/fr/statistiques/3281681

« c'est la faute du système ». Elle entre dans un engrenage : défiance, méfiance, violence. Une refondation est donc nécessaire pour que l'école redevienne fondatrice du savoir-vivre, du savoir-être et de la concorde nationale.

Mais comment ? La meilleure façon d'y parvenir est de faire jouer à l'école son rôle d'ascenseur social. Elle constitue une première petite société, le premier lieu où l'on s'éduque à l'altérité, par les apprentissages, par les rencontres, par la sortie du modèle familial exclusif. La vie *est* altérité.

Or l'enfant évolue dans trois environnements : l'école, la famille et la cité, au sens d'Aristote. On ne peut nier aucune des composantes. Pour bien apprendre, il faut tout mobiliser. Mais, en termes d'éducation, l'humain ne se plie pas aux procédés industriels.

C'est pourquoi nous avons créé Espérance banlieues (EB) et ses écoles de 150 élèves, à 15 élèves au maximum par classe[20]. Ce réseau veut entraîner de façon positive des gens que l'on pourrait stigmatiser, pour leur redonner envie de participer à l'aventure collective[21].

Trois perspectives y répondent : académique, éducative et culturelle. Je ne peux bien apprendre que si je

20 Il compte actuellement 17 établissements privés (92 classes) dans toute la France. Le premier est né à Montfermeil (93) en 2012. https://esperancebanlieues.org/
21 Voir aussi le documentaire « Un pas après l'autre » diffusé dans l'émission *Infrarouge* (France 2) : https://youtu.be/88cTyHS645Y

comprends pourquoi, si je sens que mon voisin apprend en même temps – et si je l'aide quand il a des difficultés. Et je ne vais comprendre à quoi sert 1 + 1 = 2 que si je vois en quoi les sciences ont permis d'améliorer les conditions de vie.

Un établissement d'EB va de la maternelle à la troisième, donc un petit établissement, ce qui est l'opportunité d'organiser des activités autour de l'école. Cette proximité – chaque intervenant connaît chaque enfant, chaque famille – crée de la confiance, qui permet l'alliance de toutes les parties prenantes.

L'enfant y est acteur de son apprentissage. Il faut qu'il verbalise, qu'il conscientise ce qu'il effectue, à sa façon (cérébrale, émotionnelle, sensorielle, etc.). De ce fait, nos méthodes recourent beaucoup aux manipulations.

Nous avons aussi mis en place des rites pour rendre les enfants conscients de l'utilité de la règle. Ils portent un uniforme, nous les vouvoyons. Le matin, le directeur ou un professeur les accueille à la grille en les appelant par leur prénom et en les regardant dans les yeux.

Résultat ? 0 % d'absentéisme. Lors des week-ends de trois jours, des parents nous disent que leurs enfants font la tête parce qu'ils aiment venir à l'école !

Ces parents, nous engageons avec eux, dès la maternelle, une contractualisation qui signifie : nous avons besoin de vous, nous n'allons pas déconstruire ce que vous faites à la maison, nous allons réussir ensemble.

Nous les aidons à mieux interagir avec leurs enfants. Si le fil est rompu, nous créons la possibilité d'une réconciliation. Dès qu'un « signal faible » émerge, nous essayons de le traiter.

Autre exemple : nous avons appris à des mamans dépourvues de moyen de déplacement à faire du vélo. Est-ce le rôle de l'école ? Peut-être pas, mais, désormais, leur rayon d'action va au-delà de 500 m. C'est ainsi que l'on apprend – et que l'on apprend à ses enfants – à ne pas avoir peur du monde !

Il faut aussi organiser des moments, sur la pause méridienne ou le temps extrascolaire, qui engagent les parents. À travers l'offre associative, on peut rapprocher les parents du corps professoral, de la commune, ce qui recrée des îlots de confiance.

Comment transférer ce modèle dans l'Éducation nationale ? Sur un établissement de 1 500 élèves, il est possible d'instaurer 10 sous-ensembles de 150 élèves. Cela suppose des réaménagements, mais la mise en œuvre a déjà été pensée[22].

22 L'Éducation nationale a lancé en 2017 un dédoublement des classes de grande section, CP et CE1 en réseaux d'éducation prioritaire : http://bit.ly/3QVZdAv

La méthode d'Espérance banlieues intéresse déjà de nombreux maires. On peut poursuivre l'expérimentation, et ensuite la déployer.

Son fondement, ce sont ces 150, qui forment une alliance, créant un levier grâce auquel tout le monde gagne. L'école de la République doit être une école qui repose sur la confiance entre tous ses acteurs. Mon rêve, c'est que ces « 150 » permettent de la retrouver.

10.

Retrouver les chemins de la compétence dans l'enseignement supérieur

Diplômé de Sciences-Po Paris, puis de l'École normale supérieure Paris-Saclay en économie et gestion, José Milano a été notamment cadre dirigeant en formation à l'international au sein du groupe Axa, directeur des affaires sociales de la Fédération française de l'assurance et directeur général de Kedge Business School. Il est aujourd'hui président exécutif du groupe Omnes Éducation, leader de l'enseignement supérieur privé.

Mon rêve est de remporter la bataille de la compétitivité de la France, dans un monde qui vit une triple transition : démographique, écologique et numérique. Or on ne peut pas restaurer la compétitivité d'un pays sans se poser la question de l'outil de production de compétences et de connaissances. Le marché du travail se transforme rapidement alors que certaines offres de formation sont trop rigides et déconnectées des besoins réels des entreprises. Il faut aussi tenir compte du niveau général des jeunes, qui diminue, et tirer plutôt parti de leurs talents numériques et de leur capacité d'engagement plus forte lors d'apprentissages pratiques. Sinon, notre niveau général de compétences va continuer de régresser, comme le prouve notre vingt-cinquième place au sein de l'OCDE[23].

Notre système éducatif supérieur est public, fondé sur la recherche, et privé pour un quart des effectifs[24]. Il postule qu'un enseignement de qualité[25], doit être porté par des enseignants-chercheurs. Cela a peut-être encore du sens pour les sciences dures, mais doit être nuancé en sciences sociales. La formation liée à l'apprentissage par la pratique reste encore trop dévalorisée.

Les titulaires de baccalauréats professionnel et technologique se retrouvent en grande difficulté à l'université avec le modèle académique (alors qu'ils ont 54 % de chances d'obtenir un bachelor dans le privé). Les taux d'échec en

23 Programme pour l'évaluation internationale des compétences des adultes (Piiac). La France se classe 25e sur 34 pays étudiés : www.oecd.org/fr/competences/piaac/
24 L'enseignement supérieur accueillait près de 3 millions d'élèves à la rentrée 2022-2023, dont 767 000 dans le privé. Voir https://bit.ly/4cUtRCK
25 Or, aujourd'hui, 12 000 enseignants du supérieur sont non académiques, et 45 % des enseignants-chercheurs vont partir à la retraite dans les dix ans.

1er cycle[26] sont un désastre humain et économique, avec seulement 4 % de réussite. Et on continue de former 100 000 étudiants en psychologie pour 10 000 postes ouverts dans l'économie !

Comment mieux ajuster l'offre aux besoins des entreprises, tout en donnant aux jeunes des clés de réussite, d'insertion professionnelle et d'ascension sociale pour l'avenir ? Nous devons reconsidérer les compétences initiales qui ne sont plus adaptées au monde actuel et instaurer des modèles de formations pour les actualiser tout au long de la vie.

La réforme de l'alternance a constitué en 2018 un premier jalon pour assurer un large accès à l'enseignement supérieur. L'apprentissage est la seule mesure qui a impacté le niveau de chômage des jeunes depuis quarante ans. On atteint 1 million d'apprentis, pour moitié dans le supérieur. À la sortie des études, ils ont un taux d'insertion plus élevé par rapport aux formations classiques[27] et gagnent mieux leur vie. Cela permet au plus grand nombre, dont déjà à plus de 20 % d'enfants d'ouvriers, d'accéder à l'enseignement supérieur *via* une école d'ingénieurs ou de commerce. C'est une réussite !

26 « 46 % des bacheliers 2017 inscrits en première année de licence (L1) à la rentrée suivante ont obtenu leur diplôme en 3 ou 4 ans », selon la sous-direction des Systèmes d'information et des études statistiques. Ce taux tombe à 17,3 % pour les bacs technologiques et à 6,2 % pour les bacs professionnels : https://bit.ly/3VY7CoB

27 Voir https://bit.ly/4bAefUa

Il faut absolument pérenniser et améliorer ce modèle « œcuménique », à la fois public et privé, continuer d'œuvrer à l'idée qu'un diplôme ou un titre bac + 3 ou bac + 5 reconnu par l'État est d'égale noblesse quelle que soit la voie suivie, académique ou professionnalisante, et renforcer les passerelles entre elles.

Menons aussi un travail sur l'offre de formation pour l'adapter plus rapidement aux besoins des entreprises et offrir de véritables opportunités aux jeunes – comme en Angleterre, où l'Office for Students valide les formations avec des révisions périodiques selon le taux d'insertion professionnelle.

Dans un monde où technologie et numérique sont devenus omniprésents, une autre mesure phare est de restructurer l'outil de production pour former le volume nécessaire d'ingénieurs et de spécialistes des technologies nouvelles, avec une nécessaire maîtrise des enjeux liés à la data, à l'IA, à la RSE et aux *soft skills*.

Enfin, il faut se former tout au long de la vie, car les compétences recherchées évoluent vite. Si l'on pense que l'avenir professionnel ne se conditionne pas à 22 ans et que l'on a un modèle adaptable à différents âges, cela élargit considérablement le champ de l'ascension sociale !

L'enseignement supérieur ne se résume donc pas à la culture et l'éducation. Il est également économique et émancipateur. Donner la possibilité à tous nos enfants de se développer, et à ceux qui n'ont pas pu intégrer les voies royales d'accéder à la connaissance et à la compétence, serait un moyen de recrédibiliser la promesse républicaine de progrès social par le travail, au prix d'une adaptation de nos offres de formations. Voilà ce qui devrait être au cœur du modèle.

11.

Mettre (vraiment) fin à l'illettrisme

Ancien élève de l'École normale supérieure, agrégé de lettres modernes et docteur en littérature française, Mathieu Roger-Lacan enseigne au lycée et en classe préparatoire.

Qui oserait demander à son DRH une formation contre l'illettrisme ? Qui assume ouvertement cette lacune, qu'on transforme rapidement et indûment en stigmate social ? Illettrisme : le mot fait peur. On préfère l'associer à des contrées lointaines ou à des époques reculées.

Pourtant, la dernière enquête lancée par l'Insee pour l'Observatoire de l'illettrisme montre que 10 % des personnes âgées de 18 à 64 ans éprouvent des difficultés dans les domaines fondamentaux de l'écrit, et que, parmi celles qui ont débuté leur scolarité en France, 4 % sont en situation d'illettrisme, soit environ 1,4 million de personnes en 2022.

En tant qu'enseignant, j'observe au quotidien des cas proches de cette situation. Je dis « proches », car la réalité est un peu plus complexe que les chiffres bruts ne le laissent croire. Je constate en effet que ces situations sont beaucoup plus nombreuses, touchant environ 20 à 25 % des élèves de lycée, dont la grande majorité obtiendra le baccalauréat, ce qui contribue à entretenir une hypocrisie générale et à nourrir les frustrations.

Avant d'avancer des réponses, il est important de s'assurer qu'on pose correctement la question.

Ce texte veut rêver à quelques ajustements possibles dans la manière d'envisager cet enjeu crucial pour la société et l'économie françaises, qui est aussi un test pour notre démocratie et pour la crédibilité de l'école républicaine.

La première réforme consiste à changer notre définition de l'illettrisme, en adoptant une conception non plus binaire mais asymptotique du problème. Il faut comprendre le parcours scolaire comme une sortie progressive (et peut-être jamais totalement définitive) d'un état initial qui est à peu près celui de tous les enfants de CP – une maîtrise de la communication orale sans maîtrise de la communication écrite.

La deuxième réforme consiste à sortir du paradigme de la « faute d'orthographe » et de l'imaginaire de la dictée, qu'on brandit couramment quand on parle de ces sujets. Certes, la dictée est un exercice précieux pour s'entraîner à orthographier des mots de vocabulaire rares et pour améliorer sa maîtrise de la conjugaison et des accords du participe passé. Mais c'est aussi pour cela qu'au regard d'une situation d'illettrisme, elle est relativement inefficace, car l'illettrisme est moins un problème d'orthographe qu'un problème de syntaxe. Dans une dictée, la personne n'est jamais confrontée à la difficulté de transformer une idée en une suite de mots, et de donner à cette suite de mots une cohérence logique qui lui permette de tenir un raisonnement.

La troisième réforme consiste enfin, une fois le problème mieux circonscrit, à renforcer le niveau d'exigence en matière de compréhension et d'expression écrites – ce qui n'a rien à voir avec « l'exigence » prônée par les défenseurs de l'uniforme ou d'une discipline militaire à l'école. Il faut développer des outils plus fins pour mesurer la maîtrise de l'écrit, afin de proposer un accompagnement personnalisé aux élèves, et réfléchir, plutôt qu'à un redoublement complet de toute une année, à un cours supplémentaire et obligatoire centré sur l'écriture et la lecture l'année suivante. Il est aussi important de comprendre que cette attention ne concerne pas seulement la matière qu'on appelle « français », qui ne s'y limite pas, mais bien toutes les matières, car le problème dont il s'agit ici est un frein à la réussite scolaire en général. L'objectif serait alors de ne laisser aucun élève entrer au lycée en une situation d'illettrisme (ce que rien n'empêche aujourd'hui) et de relever le niveau des élèves bacheliers en fin de scolarité.

Ce combat en faveur d'une plus grande honnêteté face au niveau réel des élèves et d'une plus grande exigence en matière de maîtrise de l'écrit est crucial dans la bataille pour la cohésion nationale et l'égalité réelle des chances, au seuil d'une vie d'adulte et de citoyen.

12.

Refaire de la laïcité un principe phare de notre République, et ce en s'appuyant sur le rôle central qu'elle devrait avoir dès l'école

Matthias Savignac est le président du groupe MGEN depuis 2021. Il est également vice-président délégué du groupe VYV, président de VYV Invest et président du conseil de surveillance de la Fondation de l'Avenir.

Je peux dire d'emblée que je suis un pur produit de l'école de la République. J'ai grandi dans un milieu plutôt rural et je sais ce que je dois à l'école, ce qu'elle m'a permis d'accomplir. En quelque sorte, j'ai pu bénéficier, grâce à elle, de l'ascenseur social républicain, un ascenseur qui, malheureusement, connaît un vrai dysfonctionnement aujourd'hui.

C'est pourquoi je crois que le nœud du problème se situe à l'école directement. Il est en effet aisé de constater depuis de trop nombreuses années que l'école a toujours plus de mal à former des citoyens, à savoir des élèves dont elle aurait permis qu'ils aient davantage un sens critique, une capacité à prendre du recul sur les événements et une capacité à se forger leurs propres opinions.

Ces générations représentent l'avenir de notre pays et la société dans laquelle nous allons évoluer. Il faut donc d'urgence aider nos élèves à redevenir les citoyens d'une République telle que nous la connaissions avec ses principes fondamentaux de liberté, d'égalité et de fraternité, une République que nous chérissions et que le monde nous enviait.

Cela doit se traduire par une impérieuse nécessité, celle de lutter contre toutes les formes d'assignations, qu'elles soient culturelles, sociales, économiques ou religieuses. Or, la clé pour y arriver réside dans un strict respect de la laïcité.

Je me permets d'emprunter à la philosophe Catherine Kintzler, auteure de *Penser la laïcité*, son concept de respiration laïque. Mon rêve est ainsi que l'école redevienne véritablement un espace de respiration laïque, permettant à chacun de s'émanciper des bagages qu'il a reçus dans son enfance et qui, parfois, sont des poids l'empêchant de déployer ses ailes.

Je crois que la laïcité, dans sa définition donnée par la loi de 1905, est précisément le trait d'union entre chacune des valeurs de notre triptyque républicain.

Il faut bien se rendre compte que dans une France sans laïcité, on pourrait dire à l'école que l'avis d'un élève qui croit que la Terre est plate équivaut à l'avis du professeur qui lui explique que la Terre est ronde.

De même, dans une France sans laïcité, il serait permis qu'à l'hôpital public, un homme refuse que sa femme se fasse soigner par un médecin si celui-ci est un homme.

Dans une France sans laïcité, un journal qui ferait paraître des caricatures à propos d'une religion n'aurait pas droit de cité.

Tout cela n'est pas de la science-fiction. Cela peut paraître aberrant à tel point que nous pensions la laïcité ancrée dans nos vies et infaillible, et pourtant, tous ces scénarios cités plus haut sont plus que plausibles, ils sont bien réels parfois.

Les chiffres sont d'ailleurs effarants : le nombre d'atteintes à la laïcité a augmenté de 120 % entre 2022 et 2023, sur une seule année !

Si bien que dans la tête de certaines personnes, la laïcité devient un principe qui divise et oppose alors qu'elle est tout le contraire. Elle nous unit et protège notre liberté de conscience.

J'aimerais donc qu'on puisse enfin redonner toute sa place à la laïcité à l'école. Mais cela suppose qu'elle ne repose pas seulement sur les épaules de nos enseignants. Je crois qu'il faut en refaire une doctrine forte avec une véritable initiative collective qui rassemble tous les défenseurs de la laïcité, ceux qui portent aujourd'hui un sain combat mais qui agissent malheureusement en ordre dispersé. Il faut bâtir un nouveau pacte laïque. Nous en avons les moyens. Nous pouvons donc nous devons le faire.

On me dit que la laïcité serait un sujet qui ne serait plus « sexy » car trop « *touchy* ». Il ne tient qu'à nous de prouver le contraire en réarmant ce principe pour qu'il redevienne le socle de notre République.

Mon rêve en fait est que ce modèle de laïcité à la française devienne un modèle universel. Pour cela, nous devons le définir et le défendre. Alors enfin, ce principe cessera de se cliver pour nous réunir.

FAIRE RAYONNER LA CULTURE FRANÇAISE

13.

Pour faire rayonner la culture française dans un monde numérique, bâtissons une politique de souveraineté industrielle

Mathieu Gallet est dirigeant d'entreprise, cofondateur de la plateforme de podcasts Majelan (2018-2022), ancien PDG de Radio France (2014-2018) et ancien président de l'INA (2010-2014). Il est également président du conseil de surveillance du quotidien Les Échos, *président du conseil d'administration de Sciences Po Bordeaux. Il est l'auteur de deux livres :* Le Nouveau Pouvoir de la voix[28] *(2020) et* Jeux de pouvoir[29] *(2022).*

Avec les Jeux olympiques et paralympiques de Paris, nous avons eu l'occasion, lors des cérémonies d'ouverture

28 Débats Publics.
29 Bouquins.

et de clôture, de montrer au monde ce qu'est la culture française, notre mode de pensée et notre façon de nous exprimer.

J'ai bien perçu la force de notre exception culturelle mais je ne pouvais pas m'empêcher de penser que nos références provenaient très souvent d'un temps déjà ancien : Piaf, Aznavour, bien qu'on soit tout à fait en droit d'être fiers de leur contribution au patrimoine musical français, ce sont des artistes qui ont connu leur apogée il y a plus de soixante ans. Même l'électro avec la *french touch*, cela date d'il y a déjà vingt ans. Seule exception, la présence d'Aya Nakamura qui donnait un coup de jeune à l'image de notre pays dans le monde.

Je me suis donc demandé comment le rayonnement de notre création a la capacité de perdurer. C'est un sujet que je considère préoccupant depuis longtemps mais ces Jeux ont été l'occasion d'une piqûre de rappel.

On a souvent tendance à dire de la culture que c'est un instrument de soft power. Je crois qu'on peut enlever « soft ». La culture est un pouvoir. Or, cet instrument de puissance de la France s'est affaibli car nous avons raté le tournant de la diffusion numérique. Je le constate à l'aune de l'hégémonie des plateformes américaines comme Netflix, Amazon ou Disney+. Elles sont en train d'imposer leurs codes partout, en France comme ailleurs, et de cette façon, c'est le point de vue américain qui s'immisce et prévaut dans notre imaginaire collectif. C'est extrêmement préjudiciable pour notre souveraineté mais aussi pour la permanence d'un certain esprit des Lumières qui faisait notre force dans le monde.

C'est un gâchis parce que je suis persuadé que nous avions les moyens de faire autrement. Nous avons en effet tous les talents artistiques et créatifs. Nous avons aussi tous ces ingénieurs et ces scientifiques qui partent aux États-Unis grâce à des salaires attractifs et aussi parce que règnent outre-Atlantique ce goût et cette liberté d'entreprendre. Nous n'avons donc pas réussi à retenir ces talents ni à les réunir pour produire et diffuser à grande échelle les créations pensées et écrites en français, qu'elles soient musicales, audiovisuelles ou cinématographiques.

Aujourd'hui, je rêve qu'on puisse enfin créer les conditions du développement d'un écosystème qui réunisse le meilleur des deux mondes, artistique et technologique, afin qu'on continue à donner à voir et à entendre les créations de l'esprit français dans le monde.

Car la France, ce n'est pas qu'*Emily in Paris* ou *Sous la Seine*. Si nous ne voulons pas être totalement saturés par la *pop culture* américaine, il nous faut cet outil français, si ce n'est européen, capable de rivaliser avec les plateformes américaines.

En d'autres termes, nous devons passer d'une logique de production et de diffusion *home made* à une logique industrielle pour favoriser l'émergence d'acteurs suffisamment puissants pour résister aux géants américains.

En ce sens, il me semble que l'État doit tenir un seul rôle, celui de faciliter cette montée en puissance en créant un cadre juridique favorable aux regroupements industriels et en libérant le secteur de la création des contraintes administratives. Il doit en parallèle promouvoir une fiscalité favorable aux investissements dans la technologie comme elle l'est pour la production de contenus.

Ensuite, ne soyons pas naïfs. Osons le protectionnisme pour défendre nos champions et mieux réguler ceux dont le siège est hors de l'Union européenne. Les États-Unis, qu'on considère comme étant le pays le plus libéral au monde, sont en réalité bien plus protectionnistes qu'on ne le pense. À nous de nous donner les moyens de nous battre à armes égales.

En conclusion, je crois que si nous passons à côté de cette approche technico-industrielle, notre perte d'influence culturelle dans le monde sera irrémédiable. Il est donc impératif d'amorcer ce virage, d'autant plus que la révolution de l'intelligence artificielle peut agrandir encore le fossé qui se creuse avec les États-Unis.

14.

Pour que l'exception culturelle française demeure unique et iconique, elle se doit d'être plus inclusive et d'accueillir d'autres inspirations créatives, en particulier en provenance du continent africain

Laureen Kouassi-Olsson est la fondatrice et la CEO de Birimian Ventures, une société d'investissement qui soutient et accompagne les marques et entrepreneurs créatifs symbolisant l'excellence culturelle africaine. Elle a fait paraître en 2023 aux éditions Débats Publics l'ouvrage Iconic Africa. La mode de demain sera africaine ou ne sera pas.

J'ai la chance, en étant franco-ivoirienne, de pouvoir m'appuyer depuis ma tendre enfance sur deux cultures aux identités très fortes, qui n'ont eu de cesse de se nourrir l'une l'autre, les cultures ivoirienne et française.

La Côte d'Ivoire est certes une ancienne colonie française mais en dépit de la décolonisation, elle n'a jamais tourné le dos à la France. Je dirais même qu'elle demeure dans une certaine mesure fière d'être restée la plus culturellement française des ex-colonies africaines. Pourtant, la Côte d'Ivoire n'a jamais renié sa culture propre, ce qui fait ses racines. Elle s'est simplement appuyée sur d'autres ressources, à commencer par celles provenant de la France.

J'ai donc grandi sur ces deux jambes et j'assume de manière décomplexée cette éducation particulière nourrie de cette grande proximité culturelle entre nos deux pays et de la richesse de leur héritage respectif.

Pourtant, je constate avec tristesse et frustrations que l'image de la France sur le continent africain, et en particulier dans l'espace francophone, pâtit d'une relation détériorée entre ces deux rives. Le sentiment antifrançais prend de l'ampleur et de nombreux pays africains s'ouvrent à de nouveaux partenariats, notamment avec la Chine, l'Inde ou encore les États-Unis. Pourquoi ? Sans doute parce que la France a gardé à certains égards une attitude paternaliste vis-à-vis du continent africain. Or, l'Afrique traverse depuis plusieurs années de profonds changements. Jeune, digitalisée, sophistiquée, de plus en plus formée, elle prend son autonomie sur la scène mondiale. La France n'a pas su anticiper ce virage.

Mais cette relation séculaire n'est pas terminée, j'en suis persuadée. Une nouvelle génération d'Africains ouverts sur le monde et qui affichent des parcours académiques prestigieux en provenance des meilleures institutions françaises en particulier, européennes et américaines plus généralement, veut bâtir un nouveau partenariat constructif pour la France comme pour l'Afrique. C'est ce à quoi je m'emploie avec ma société Birimian Ventures qui permet d'accompagner des marques s'inspirant d'un héritage africain et d'œuvrer au développement de l'excellence créative africaine à travers des partenariats solides et mutuellement bénéfiques avec des institutions françaises. Il y a ainsi toute une génération prête à se lever pour construire une nouvelle relation doublement gagnante sur les deux rives de la Méditerranée.

Pour ma part, je suis convaincue que cela passera par la culture, et notamment les métiers de la mode, du luxe ou encore de l'artisanat d'exception, à condition que la France accepte d'inclure plus de diversité dans son univers culturel et créatif. Mon rêve est ainsi le suivant : œuvrons à une exception culturelle française encore plus riche de sa diversité.

Je suis persuadée que cet apport peut être le levier d'un nouveau rayonnement de la France à l'international, sous réserve qu'elle ait une attitude réellement décomplexée et de faire totalement le pari de l'Afrique.

Celle-ci est aujourd'hui au cœur de l'écosystème mondial de la mode et de la création artistique. Elle a sur son sol des métiers, des savoir-faire d'exception et des hommes et des femmes de talent. La France doit donner à toute cette industrie culturelle sa chance parce qu'elle pourra s'en inspirer et forger un nouveau soft power utile à son rayonnement.

Il faut mener ce travail avec agilité et finesse, sans aucune forme de condescendance. Le monde du luxe français fait lui-même face à des mutations, la période post-Covid ayant mis au centre de l'acte de consommer la quête de sens. Les métiers d'art au cœur, le travail séculaire d'artisans d'exception, un héritage, une tradition deviennent les moteurs de notre industrie du luxe. Dans ce nouveau paradigme, quoi de plus naturel que de se réconcilier avec l'Afrique dont la scène créative brille par la richesse de son héritage et de son artisanat d'exception, et d'accepter, non plus de lui prendre, mais d'apprendre d'elle ?

L'avenir devant moi, enracinée dans mes deux cultures, sans pouvoir ni vouloir choisir entre l'une et l'autre, je contribue à écrire, avec d'autres, les nouvelles pages de cette relation centrée sur un partenariat culturel et créatif très fort et équitable. Nous n'avons pas vécu la colonisation et ne souhaitons pas en porter les cicatrices ni le poids des blessures originelles.

Voilà le rêve que je formule aujourd'hui, un rêve que je souhaite pouvoir toucher du doigt un jour ou, sinon, que mes enfants puissent enfin en apprécier toute la portée.

15.

Mettre l'expression créative au cœur de l'école

Matthias Leridon est un entrepreneur engagé. Président du cabinet de conseil en communication Tilder, il a créé la maison d'édition Débats Publics avec Michel Lafon. Il est coprésident de l'ONG AAD-fund et président du fonds de dotation Centre Pompidou Accélérations. Il soutient depuis plusieurs décennies des institutions culturelles en France et des artistes contemporains et des initiatives éducatives sur le continent africain.

On entend souvent qu'il y a un temps pour le rêve et un temps pour l'action, et que l'art est un luxe réservé aux périodes les plus légères. Je crois que c'est exactement l'inverse. Face aux enjeux les plus urgents, dans les périodes de transition, de changement voire de crise, la création artistique peut nous permettre d'y voir plus clair, de regarder les choses de façon différente et d'appréhender l'avenir d'une manière nouvelle.

En France, nous ne sommes pas suffisamment imprégnés par la culture *créative* – qui n'est pas la même chose que le rapport analytique aux œuvres, tel qu'on l'enseigne dans les matières du lycée.

Je ne veux pas seulement dire qu'il faudrait davantage de cours de dessin ou de musique à l'école, mais je crois qu'il est indispensable de repenser complètement la façon dont nous faisons une place à l'expression artistique au sein de notre système éducatif. Au même titre que l'expression linguistique que nous mettons en avant avec l'enseignement du français et des langues – vivantes ou mortes –, je rêve que l'expression artistique soit revalorisée et proposée systématiquement dans le parcours de formation des élèves.

Mon rêve passe par deux mesures concrètes. La première consisterait à casser la barrière qui existe actuellement entre le monde artistique, les lieux d'art eux-mêmes malgré leurs efforts pour se démocratiser, et les lieux d'enseignement. Cela pourrait passer par le jumelage annuel systématique de chaque collège et de chaque lycée français avec un ou une artiste – écrivain, musicien, peintre, sculpteur, photographe, danseur, poète...

Sur le modèle des jumelages géographiques, il s'agirait ici d'une relation privilégiée créée entre une personnalité et une communauté d'élèves. L'artiste jumelé(e) à l'établissement serait invité(e) à intervenir sur un format libre une fois par trimestre, pour interagir avec des classes, penser des activités créatives, répondre aux questions des collégiens et des lycéens, présenter son travail et échanger sur sa vision du monde.

Cette intervention trimestrielle ne serait pas inutilement cadrée à l'avance. Elle laisserait la place à une rencontre entre les jeunes et l'artiste auquel leur établissement est associé, selon une forme libre réinventée dans le cadre de chaque jumelage par la personne qui le porte.

La seconde mesure consisterait à revaloriser la place de la création artistique dans l'enseignement, en introduisant un cours obligatoire d'expression artistique tout au long du parcours secondaire inscrit dans les épreuves obligatoires du baccalauréat.

Il ne s'agit pas de créer une nouvelle « matière » en tant que telle, mais de faire une place propre à toutes les façons de créer. Plutôt que le cloisonnement actuel entre arts plastiques, musique et enseignements à option, je rêve d'ériger en matière fondamentale l'expression artistique comme discipline à la croisée de plusieurs champs de la création artistique (musique, danse, dessin, peinture, photographie, écriture créative, poésie, chant...).

Créer ce cours d'expression artistique et lui donner autant d'importance en termes d'horaires et de coefficient qu'un cours de langue vivante (ou morte) serait un geste fort pour l'institution scolaire, et une manière d'inclure beaucoup plus largement la diversité des profils et des intelligences des élèves au collège et au lycée.

Des initiatives comme La Source, lancée par Gérard Garouste pour proposer une réinsertion par l'art, ou les lectures d'Alexandre Dumas organisées par Alexandre Jardin avec des prisonniers ont prouvé que la maîtrise des mots et l'expression artistique étaient des moyens d'apprivoiser la violence et de dépasser ses souffrances.

La construction rationnelle du débat et de la réflexion collective dans notre société ne doivent pas faire l'impasse sur la part de rêve et d'imaginaire qu'il est nécessaire d'avoir pour inventer de nouvelles voies pour le vivre-ensemble et donner forme à l'avenir, d'une façon que les schémas non artistiques ne permettent pas toujours d'atteindre.

Remettre l'expression artistique au cœur du projet éducatif n'est pas que « mon » rêve, c'est également un rêve pour construire la démocratie et la société de demain.

16.

Culture, création, innovation, un triptyque nommé désir.

Sabine Longin dirige les Biennales de Lyon (Biennale d'art contemporain et Biennale de la danse), après avoir occupé les fonctions de directrice générale du musée national Picasso Paris, de secrétaire générale de la Fondation Giacometti Paris, de conseillère de coopération et d'action culturelle, d'attachée culturelle à l'ambassade de France au Qatar et de consultante dans le domaine culturel international. Elle est également cadre de l'IHEDN Politique de défense, session nationale 2024-25, après avoir été auditrice en 2012-2013.

Je pourrais récrire exactement aujourd'hui ce que j'énonçais en 2004 : « Dans le contexte mondial actuel, alors que l'économie contraint le politique, ne pourrait-on envisager que, si la culture n'est ni l'outil prioritaire de prévention des conflits, ni la "matière première" la plus influente, la politique culturelle extérieure de l'Union européenne constitue une réponse à ses enjeux immédiats et futurs (économiques, sociaux, géopolitiques, sécuritaires…) et ceux de ses États membres ? La prise en considération de la composante culturelle dans le cadre d'une approche globale de la politique étrangère et de la défense participerait de la reconnaissance de l'Union européenne, et de chacun de ses États membres à l'international. »

Joseph Nye définissait en 2002 la culture comme un soft power. Ne s'agirait-il pas aujourd'hui d'un outil de *hard power* ? Les États-Unis, la Chine l'ont compris et assument une posture de diplomatie culturelle affirmée. À notre tour, Européens, d'oser exprimer notre vision en nous donnant rapidement les moyens d'investir sur le long terme dans les secteurs des arts, de la culture, de la création et de l'innovation.

Il ne faut avoir ni honte ni complexe à exprimer nos valeurs et notre vision, et affirmer l'existence pérenne de ce que j'appellerais un « contenu culturel », constitué au fil des siècles. Notre héritage est fait de références et principes qui forment notre façon, française, européenne, d'être au monde : rapports entre les individus, conception de la chose publique, égalité entre les hommes et les femmes, humanisme et respect de l'autre, rapport apaisé entre « ceux qui croient au ciel » et « ceux qui n'y croient pas », place de la culture et de la beauté dans la vie quotidienne, etc. Osons porter plus fortement notre conviction que la politique culturelle – qui est, d'une part, la capacité à relire et à faire vivre le patrimoine hérité des créateurs du passé et, d'autre part, la volonté de porter et soutenir la création contemporaine – peut et doit y contribuer.

Dans l'Union européenne, toutes nos cultures connaissent les mêmes difficultés à exister face aux capacités financières et humaines des États-Unis d'Amérique, de la Chine, mais aussi du Moyen-Orient, du Japon, de la Corée du Sud… Ne faudrait-il pas, sans attendre, bâtir une politique culturelle européenne (qui sous-entend la création d'une Europe politique !), dans laquelle chaque culture, dont la nôtre, pourrait, sous l'égide de la Commission et en lien avec les États membres, vivre et s'affirmer en pays tiers ?

Je crois qu'il est temps de réinventer notre modèle de rayonnement culturel dans le monde grâce à des partenariats renforcés, pensés en coopération dans un esprit d'ouverture, d'envie et d'humilité avec l'ensemble des acteurs en pays tiers. Dialoguons en prenant le monde tel qu'il est et non pas tel que nous aimerions qu'il soit !

Arrêtons de baisser les subventions à la Culture, la Création et l'Innovation, réinvestissons le champ culturel en interministériel, avec le ministère de la Culture naturellement, mais aussi celui de l'Europe et des Affaires étrangères, de l'Innovation et du Numérique… et ce au niveau national mais aussi européen.

Il faut rejoindre la vision de Jacques Delors. C'est le sens du rêve que je formule aujourd'hui.

Notre rayonnement culturel dépendra de notre capacité à créer une Europe politique dotée d'une réelle compétence culturelle. Et ce d'autant plus que notre « contenu culturel » constitue une richesse reconnue par nos partenaires internationaux, enclins à porter les discussions au niveau de l'Europe, et non plus uniquement au niveau des nations qui la constituent. Acceptons que le rayonnement de la culture française à l'international soit aujourd'hui intimement lié à celui de la culture européenne en pays tiers.

Développons les partenariats public-privé de grande ampleur et de longue portée basés sur la Création, la Culture et l'Innovation : un triptyque nommé désir pour nos partenaires.

Je suis optimiste, car convaincue qu'il ne manque pas grand-chose pour passer à la vitesse supérieure. Les décideurs culturels de demain sont là, ainsi que de jeunes générations enthousiastes, dotées d'un esprit critique aiguisé et d'une ouverture sur le monde nourrie par les programmes

Erasmus. Inventons avec elles, eux le socle culturel de demain et soyons ambitieux ! C'est l'unique issue pour une diplomatie européenne réellement efficace, pleinement inscrite dans son temps, face à la compétition mondiale.

Remerciements à Sophie Biecheler, Xavier Dupont et Yannick Mercoyrol, mes contradicteurs éclairés.

17.

Réaffirmer une culture de l'olympisme pour que nos différences rayonnent et soient empreintes d'excellence

Diane de Navacelle de Coubertin est directrice de la Fondation du sport scolaire (SSF), présidente du Comité éducation, culture et héritage de la Fédération internationale du sport scolaire (ISF) et ambassadrice de l'Union nationale du sport scolaire (UNSS). Elle est également membre du bureau de l'Association familiale Pierre de Coubertin (AFPC) et l'auteure, aux éditions Débats Publics, de l'ouvrage Pierre de Coubertin. Éduquer par le sport et pour la paix.

J'ai la chance d'avoir la double nationalité franco-américaine et l'immense privilège d'être l'une des descendantes de Pierre de Coubertin, le fondateur des Jeux olympiques (JO) modernes. Ce double héritage me confère une ouverture prononcée vers le monde et un sens de la curiosité aiguisé.

En 2016, après avoir créé quinze ans auparavant mon entreprise dans la bijouterie-joaillerie, ma famille nous transmet le flambeau de l'héritage de mon arrière-arrière-grand-oncle, Pierre de Coubertin. Depuis quatre générations, quelques membres de la famille s'occupent en effet de promouvoir et de faire rayonner sa mémoire. C'est donc un grand honneur de prendre le relai afin de continuer à transmettre cet héritage jour après jour.

Ma première mission fut de représenter cet héritage lors des JO d'hiver qui se tenaient en 2018 en Corée du Sud. C'était ma première véritable confrontation avec toute la puissance que dégage un tel événement, tant sur le plan sportif bien sûr, mais aussi humain, économique, diplomatique et culturel. Car les Jeux olympiques et paralympiques (JOP), c'est avant tout et par le sport une aventure humaine et culturelle : permettre à des peuples de se rencontrer, de se comprendre, de dialoguer.

Artiste et sensible à l'art, je m'investis donc avec énergie pour que les arts et la culture soient associés étroitement à l'aventure olympique, en étant guidés par les mêmes valeurs fondatrices des Jeux, à savoir l'amitié, le respect et l'excellence. Je m'y engage notamment auprès des plus jeunes, Français et étrangers, et de ceux qui en particulier sont impliqués dans le sport scolaire.

Rappelons que Pierre de Coubertin, en fondant les Jeux, avait souhaité que la culture y soit intégrée pleinement. Des disciplines artistiques (architecture, peinture, sculpture, musique et littérature) font même leur apparition à partir des JO de Stockholm en 1912 jusqu'à ceux de Londres en 1948. Pierre, qui se cachait derrière un pseudonyme, obtient la médaille d'or en littérature grâce à un poème intitulé *Ode aux sports.*

J'ai donc un rêve, celui de capitaliser sur tout ce que représente l'olympisme afin de faire rayonner nos cultures, nos spécificités et donc la culture française naturellement, où sont nés les Jeux modernes.

Je suis assez circonspecte ou interrogative sur la brutalité de la *cancel culture* ou du *wokisme* et de leurs promoteurs dont l'objectif semble parfois être le nivellement par le bas, l'effacement, l'uniformalisme, le rejet de toute culture en réalité.

Au contraire, c'est en tirant vers l'excellence notre culture et ses particularités, dans le respect des autres, qu'on pousse l'homme à devenir meilleur, à s'intéresser à la paix plutôt qu'à la guerre. C'est en revanche toujours par la méconnaissance que naissent les conflits. Voilà pourquoi la *cancel culture* est à mes yeux un non-sens.

Moi-même, étant garante de la pensée de Pierre de Coubertin, j'ai pu mesurer à quel point cette nouvelle mode, forme de dictature de la pensée pouvait tristement, bêtement et par ignorance faire des ravages. Pierre, comme d'autres personnages historiques, en a fait les frais depuis peu, lui qui a fait des Jeux olympiques modernes la plus grande fête mondiale, le plus grand événement fédérateur sportif planétaire et pacifiste, rassemblant tous les peuples, dans leur différence et leur diversité, que l'on puisse connaître à ce jour dans ce monde. Le président du Comité international olympique, Thomas Bach, rappelait lui-même au printemps 2024 que les Français devaient être fiers de cet homme et de son legs.

Le rêve humaniste et pacifiste que je formule aujourd'hui sous-tend un autre rêve que je porte, celui de revoir au programme des Jeux olympiques des disciplines artistiques comme la sculpture, la peinture, la littérature, la danse, la musique… Elles seraient autant de véhicules culturels permettant d'exprimer une idée universelle qu'est l'excellence que nous devrions toujours mettre en avant pour tirer les individus vers le haut, peu importe leurs différences. Car, comme l'a écrit mon aïeul, « l'art éclaire l'intelligence, captive la pensée, incite l'ambition ».

METTRE LE DIGITAL ET L'IA AU SERVICE DE L'HUMAIN

18.

Aider notre société à s'adapter à l'intelligence artificielle afin de renforcer sa résilience

Olivier Babeau est professeur à l'université de Bordeaux et président de l'Institut Sapiens dont l'objectif est de replacer l'humain au cœur des transformations numériques de la société. Il est aussi l'auteur de nombreux ouvrages dont le dernier en date est La Tyrannie du divertissement *(Buchet-Chastel, 2023). Il intervient également dans les médias pour analyser l'actualité politique et économique.*

L'Institut Sapiens, que je préside et que j'ai fondé il y a sept ans, mène depuis le début ses réflexions sur le rapport entre l'être humain et la technologie.

Au départ, je ne suis pas particulièrement techno-phile. Mon cursus est au croisement entre des études de commerce et des études en philosophie. Je faisais partie des premiers à être sceptiques face aux avancées spectaculaires faites dans le domaine du numérique et de la robotique.

Puis, j'ai constaté à quel point ces nouveautés s'installaient progressivement dans notre décor quotidien et que, petit à petit, nous ne faisions plus qu'un avec la machine. L'objectif, dès lors, ne peut être la lutte contre ces progrès mais de savoir comment s'en saisir pour franchir un nouveau cap qui permette de libérer les hommes et de démultiplier leur énergie à des tâches plus intellectuelles.

Nous sommes à la veille de progrès technologiques immenses. La seule question qui vaille est de savoir comment l'être humain va s'approprier cette révolution sans en être l'esclave. Un scénario pessimiste mais probable le verrait être atrophié par cette nouvelle ère, et être totalement dépendant des machines. La conséquence serait la constitution d'une idiocratie.

Le deuxième scénario, c'est celui pour lequel je me bats et qui constitue le rêve que je formule aujourd'hui. Celui-ci verrait l'être humain continuer à garder le sens de l'effort tout en étant débarrassé, grâce aux machines, des tâches les plus ennuyeuses de sa vie. Sa dopamine serait plus prononcée et il consacrerait sa vie à l'amélioration de ses connaissances et de ses talents.

La France a connu les Trente Glorieuses. Je suis convaincu que nous sommes aujourd'hui à l'apogée d'une ère qu'on pourrait appeler les « Trente Paresseuses ». Ce constat complète celui que je faisais dans mon dernier ouvrage, *La Tyrannie du divertissement*, et qui démontre que le temps libre, qui a beaucoup augmenté ces dernières décennies, est utilisé majoritairement pour se divertir alors qu'il pourrait être utilisé à meilleur escient, soit pour développer sa relation avec les autres, soit pour davantage s'émanciper personnellement.

Quelque chose s'est en effet rompu dans notre rapport à l'effort, au mérite, au travail dans nos sociétés occidentales et plus particulièrement en France. Si nous continuons à prendre le même chemin, alors le scénario pessimiste, que je décrivais plus haut, se réalisera très vite, c'est certain.

Il faut repartir de la base, l'éducation. Celle-ci doit être repensée pour allumer la curiosité de nos enfants. Il faut revenir aussi, d'une certaine façon, au modèle de l'éducation de nos jeunes princes et dauphins, revenir à une forme de préceptorat qui favorisait la grandeur du comportement sans faire de nos jeunes des enfants rois.

En parallèle, nous devons diffuser une culture de l'IA à tous les étages de la société, la faire apparaître dans le marché cognitif français et qu'elle ait sa place dans l'agenda public de ceux qui nous gouvernent. Pourtant, j'ai peu d'espoir qu'elle soit une thématique phare de l'élection présidentielle de 2027. Au regard des enjeux, il le faudrait pourtant.

Je suis convaincu d'une chose : il est illusoire de penser que des moratoires fonctionnent parce qu'il n'y a aucune chance que le marché de l'IA décroisse. Il est ainsi dommage que le premier objectif de l'Europe soit d'édifier des remparts comme ce fut le cas avec l'*AI Act* alors que notre priorité devrait être de bâtir des champions dans ce domaine. Car si nous laissons les manettes de cette industrie aux seuls Américains et Chinois, nous risquons de plonger dans le scénario pessimiste, celui où notre pays serait totalement dépendant de technologies qu'on ne pourrait pas contrôler.

Nous vivons une période exaltante avec des progrès spectaculaires qui peuvent décupler notre savoir et qui peuvent accomplir des miracles dans le domaine de la santé. C'est un espoir extraordinaire mais pour que nous fassions partie des gagnants de cette révolution, il faut que nous soyons capables de hiérarchiser nos plaisirs pour nous concentrer sur ceux qui nous amènent à être plus résilients, et ceux qui permettent notre élévation intellectuelle.

Il ne tient qu'à nous, en somme, de faire les efforts nécessaires pour ne pas se laisser dompter par l'IA. Il appartient à nos dirigeants d'acclimater notre société à ces changements profonds.

19.

Encourager la mécanique du don grâce aux outils de l'intelligence artificielle

Ryad Boulanouar est ingénieur en électronique, informatique, spécialisé en robotique et en intelligence artificielle. Il est entrepreneur depuis 2002 et a notamment fondé Nickel, le premier service bancaire français ouvert à tous, sans condition de revenus. Depuis 2020, il s'est lancé dans une nouvelle aventure en créant Mon Ami Poto, une monnaie numérique dédiée à la traçabilité des dons aux associations.

Aujourd'hui, je constate que l'humain est une variable d'ajustement dans notre société. Nous ne raisonnons plus qu'avec des statistiques et des chiffres, au détriment de l'individu et de ses besoins. Il n'y a pas à réfléchir longtemps pour comprendre pourquoi il y a donc autant de fractures dans un même pays.

Plus grave encore, je considère que l'homme ne connaît plus la reconnaissance, la considération alors que c'est un besoin essentiel pour son épanouissement. Nous avons besoin du regard de l'autre, de son attachement, de sa gratitude parfois aussi. C'est en cela qu'on a perdu toute humanité, et que nous vivons chacun replié sur soi-même.

Dans le même temps, l'intelligence artificielle a fait une arrivée fracassante dans nos vies avec des outils comme ChatGPT et l'on a vu alors une interface polie, bienveillante, et tout à la fois précise et profonde dans les réponses qu'elle nous apportait. Dans un certain sens, on peut donc se demander légitimement si l'IA ne va pas en réalité combler ce besoin qu'on a d'humanité et de relation avec les autres. Une chose est sûre : nous lui faisons désormais plus confiance qu'à d'autres personnes parce qu'elle agit de manière totalement désintéressée. Là est sans doute le secret de sa réussite, sans compter qu'elle est la synthèse de l'expérience et de la connaissance en s'appuyant sur les meilleures ressources et les meilleures expertises. En soi, l'IA est déjà au service de l'humain.

Deuxième constat : un système capitaliste régit nos vies depuis bien longtemps maintenant et, soyons honnêtes, il fonctionne plutôt bien. Il peut d'ailleurs répondre aux enjeux environnementaux. Seulement, il y a là aussi une variable qu'on a omis de prendre en considération : la redistribution. Nous avons laissé des excès se créer, en autorisant implicitement que certains puissent abuser de l'humain et des ressources qu'on a sur terre. Par ailleurs, lorsque nous avons voulu agir sur la redistribution, nous avons fait en sorte qu'elle soit punitive et forcée, ce qui a entravé la liberté individuelle. Or, nous aurions pu faire autrement en bâtissant une redistribution participative ou incitative, ce qui aurait causé moins de blessures dans nos sociétés occidentales.

C'est le sens de mon rêve aujourd'hui : encourager la redistribution et une réelle solidarité en la rendant visible et palpable grâce à l'intelligence artificielle.

Pour aller vers plus d'empathie et développer une dynamique du don, il faut nécessairement rendre ce geste totalement transparent et visible. L'humain est ainsi fait que lorsqu'il donne, il aime que cela se sache, et si cela peut être dit par d'autres que lui, c'est bien sûr beaucoup mieux. On a vu d'ailleurs récemment des épisodes où il y avait une certaine rivalité du don à l'instar de la campagne de récolte de fonds pour la restauration de Notre-Dame de Paris.

Je crois que l'IA peut justement rendre cette dynamique possible avec une traçabilité du don, un ciblage précis sur les causes qui nous sont chères, un référencement et un historique du don, des recommandations pour aller plus loin dans le don, le tout en simplifiant les démarches et avec un langage que tout le monde comprend et maîtrise.

Il me semble ainsi que l'IA pourrait être le moteur de ce nouvel élan de solidarité. Je le dis avec d'autant plus d'enthousiasme que la révolution de l'IA va profondément bouleverser le monde du travail et qu'on pourra, du fait de la disparition de nombreux métiers, se concentrer sur des tâches plus intellectuelles et artistiques, voire spirituelles. Alors, la mécanique du don aura de grandes chances de se réveiller et permettra à l'humain de retrouver sa place au cœur de la société.

20.

S'appuyer sur l'extraordinaire mobilisation de données permise par l'intelligence artificielle pour inventer l'école de demain

Aude Guéneau est CEO de Plume, le premier assistant rédactionnel des enfants à partir de 7 ans. Elle a été professeure de lettres dans le public, notamment en zone d'éducation prioritaire. Elle est également vice-présidente d'EdTech France, l'association qui réunit les start-up françaises qui mettent les technologies au service de l'éducation.

Rien n'a changé depuis Montaigne qui disait qu'il valait mieux savoir chercher un livre dans une bibliothèque, plutôt que prétendre avoir une connaissance encyclopédique. En d'autres termes, mieux vaut avoir une tête bien faite qu'une tête farcie de connaissances dont on ne saurait que faire.

L'intelligence artificielle permet aux machines d'agréger de la donnée, de la connaissance. Le défi est donc de savoir comment la maîtriser pour l'aider à nous délivrer les bonnes informations au bon moment pour s'en servir avec efficience.

Je crois ainsi que le système éducatif français doit s'employer à appréhender au mieux ces nouveaux outils pour préparer nos enfants aux défis de demain.

Quand j'étais professeure de lettres, notamment dans les quartiers prioritaires, je me suis intéressée aux liens entre les capacités scripturales des élèves et leur niveau scolaire. J'ai constaté à quel point le rapport au langage peut déterminer une trajectoire scolaire. Ainsi, pour certains élèves, l'écriture est un code qui ne leur est pas destiné. Ce décalage, synonyme chez certains de décrochage scolaire, est d'ailleurs très documenté et étayé.

En un sens, cela me révoltait parce que je considérais qu'il ne manquait pas grand-chose pour que ces élèves soient pleinement intégrés au système éducatif français. L'écriture, qui est pour moi intrinsèquement joyeuse, ludique, stimulante, apparaissait pour eux ennuyeuse, rébarbative et même inhibante.

Cette petite chose qui manquait m'a sauté aux yeux : c'est la possibilité de faire du sur-mesure pour chaque élève, de lui donner les clés d'un apprentissage pas à pas dans lequel il s'épanouit.

Pour que cette personnalisation puisse être vraiment tangible, il fallait pour moi s'appuyer sur le numérique. C'est de là qu'a germé l'idée de créer l'application Plume, qui aujourd'hui accompagne des milliers d'enfants, qui a conquis le ministère de l'Éducation nationale, qui a traversé l'Atlantique pour s'imposer aux États-Unis, qui fait que je sois dorénavant intégrée aux prises de décision quant aux programmes pédagogiques. Plume est en effet plus qu'un atelier d'écriture pour les élèves, c'est une plateforme et un outil d'analyse qui agrège des données inestimables sur l'écriture d'enfants, raison pour laquelle d'ailleurs le CNRS travaille avec nous.

De professeure, je suis devenue entrepreneuse mais mon rêve n'a pas changé. Il s'est simplement mesuré à la réalité du terrain et je veux désormais qu'il passe à l'échelle supérieure : je veux ainsi un monde où nos enfants puissent connaître une vraie personnalisation des apprentissages, et ce grâce à l'apport du numérique et de l'intelligence artificielle. Je veux un enseignement personnalisé, inclusif et surtout qui a fait ses preuves.

Nous avons en effet en France un retard sur les pratiques éducatives, ce qui explique à mon avis notre chute dans les classements internationaux. Pour que nos élèves deviennent de futurs citoyens éclairés, ils doivent être confrontés à une éducation lucide sur les enjeux du XXIe siècle, le dérèglement climatique et l'intelligence artificielle.

Aujourd'hui, notre système éducatif reproduit encore les inégalités. Nous savons, parce que cela a été maintes fois prouvé, que les groupes de niveaux ne sont pas efficaces et pourtant, on s'obstine à les remettre au goût du jour.

Ce dont nous avons besoin au contraire, ce ne sont pas tant des équipements numériques à la pointe que des professeurs formés aux nouveaux outils, d'établissements correctement reliés à la fibre et un projet éducatif qui rassemble, qui n'oublie personne, ce à quoi peuvent nous aider les nouvelles technologies et particulièrement l'IA.

Parce que le grand risque, c'est la vassalisation de notre système éducatif par d'autres pays qui auraient le monopole de la maîtrise des données. Nous avons donc urgemment besoin de l'impulsion politique pour qu'enfin tout notre arsenal éducatif prenne le tournant du digital et de l'IA pour proposer à nos enfants des solutions éducatives performantes et personnalisées.

Nos enfants méritent cet accompagnement sur mesure. Ils méritent une école ancrée dans l'ère moderne, capable de leur donner les clés pour déployer leur intelligence à l'appui des nouvelles technologies.

21.

Bâtir un système universel de formation au numérique et à l'intelligence artificielle (IA) gratuit et accessible à toutes et tous

Jean Guo est une entrepreneuse sociale. Elle a cofondé et dirige Konexio, une organisation qui fournit des formations gratuites aux compétences numériques afin d'ouvrir de nouvelles opportunités aux personnes éloignées du marché du travail. Par cette action guidée par un souci d'équité et de justice sociale, elle est auréolée de plusieurs prix dont le prix Fulbright for the Future.

Mon parcours est assez atypique. Née en Chine, je suis arrivée aux États-Unis à l'âge de 5 ans. J'ai vu comment ma mère a dû se battre pour s'intégrer dans cette nouvelle société et faire ses preuves. Moi, j'ai eu la chance de l'avoir à mes côtés. Grâce à elle, j'ai su m'appuyer sur les bonnes personnes, celles qui allaient me soutenir et m'encourager.

C'est sans doute ce parcours, empreint de multiculturalisme, qui a nourri ma curiosité pour les personnes issues de divers horizons, qu'elles soient confrontées à des barrières culturelles, sociales ou économiques. Plus largement, cela m'a sensibilisé aux défis rencontrés par toutes celles et ceux qui, malgré leur potentiel, n'ont pas eu les mêmes opportunités pour s'intégrer pleinement au marché du travail.

J'ai ensuite suivi des études en économie et j'ai commencé à analyser des données sur l'exclusion sociale et économique. Mais faire cela simplement derrière un ordinateur n'est en rien très engageant. Je voulais du concret et j'ai donc complété mes études de données sur le terrain directement, auprès de personnes confrontées à ces difficultés, qu'elles soient sociales, professionnelles, linguistiques, culturelles… C'est auprès de ces personnes, des réfugiés, des porteurs de handicap, des jeunes issus des quartiers prioritaires de la ville, des femmes et plus généralement de tous ceux qui sont éloignés de l'emploi ou du numérique que j'ai voulu, au-delà d'analyser leurs freins et leurs blocages, comprendre où était le pont qui pourrait leur permettre de gagner en stabilité et d'atteindre une situation plus pérenne.

C'est suite à ma bourse de recherche Fulbright que l'idée de créer une structure m'est venue. En arrivant en France en 2015, je n'avais pas encore envisagé cette initiative. Cependant, c'est en rencontrant les difficultés des personnes sur le terrain que j'ai ressenti le besoin de les aider, en mettant en place des actions concrètes. Pour moi, la meilleure manière d'y parvenir était de proposer une formation, afin de leur offrir une meilleure connaissance du numérique.

La fracture numérique est un réel fossé qui peut plonger beaucoup de monde dans l'exclusion économique et sociale. C'est une problématique majeure. Nous l'avons particulièrement identifiée à l'ère du Covid-19. Mais attention, la fracture numérique est trop souvent comprise comme le simple fait de ne pas avoir accès au réseau internet. Bien sûr, c'est une cause de fracture mais il ne faut pas en oublier d'autres telles que l'accès aux outils, la maîtrise et le bon usage de ceux-ci.

Si le numérique crée déjà un certain fossé, l'intelligence artificielle pourrait le creuser davantage encore. La mission de Konexio, que j'ai créée en 2016, est précisément de tenter de combler ce fossé.

Nous luttons contre l'illectronisme grâce à des ateliers et des formations, nous menons des actions spécifiques pour les publics éloignés de l'emploi et les jeunes décrocheurs à travers des parcours flexibles. Surtout, nous nous mobilisons pour que ces cursus soient les plus adaptés possibles aux réalités du terrain avec des programmes où les professionnels du numérique expliquent leur quotidien. Nous permettons aussi à nos bénéficiaires d'être pleinement insérés grâce à la mobilisation d'un réseau professionnel. Enfin, nous sommes présents en Afrique, où nous formons des formateurs dans le cadre du programme ToT (*Training of Trainers*) afin qu'ils puissent, à leur tour, former des apprenants dans les camps de réfugiés aux usages numériques. Konexio connaît déjà un grand succès avec des milliers de personnes formées, signe que l'inclusion numérique est un véritable facteur d'intégration économique et sociale.

Mais je suis convaincue que nous devons aller plus loin parce que le monde de la tech évolue très rapidement. Pour s'adapter à cette course effrénée et combler la fracture numérique, mon rêve est de bâtir un système universel de formation numérique gratuit et accessible à tous.

Ce serait en quelque sorte un CPF (compte personnel de formation) numérique mis à la disposition de tous. Un temps, en France, nous avions les chèques numériques mais le dispositif, malgré une belle intention de départ, était assez illisible et peu efficace. Là, il s'agirait d'un processus simple avec une seule et même interface où l'on pourrait choisir des formations très professionnalisantes et où chacun disposerait de crédits pour financer son parcours.

Je suis persuadée que les gains d'une telle mesure pour notre société sont immenses et qu'on aurait tort de s'en priver tant il va falloir s'adapter rapidement aux évolutions de la tech si nous ne voulons pas être complètement relégués. C'est un enjeu d'égalité sociale et économique.

22.

Développons l'intelligence artificielle pour une santé plus humaine

Filippo Monteleone est président-fondateur de CAREIT, plateforme européenne qui investit dans l'innovation en santé et accompagne les acteurs du secteur de la santé et du médico-social dans la gestion de leurs actifs et dans le développement de leurs projets et investissements immobiliers. Ancien directeur général de Ramsay générale de santé, il est l'auteur de Patients, réveillez-vous ! *paru aux éditions Débats Publics.*

Il y a un double constat qui est simple à faire dans nos sociétés occidentales. D'un côté, nous avons des populations vieillissantes touchées de plus en plus par des pathologies chroniques. En clair, nous avons un volume de personnes fragiles et dépendantes de plus en plus important que nous devons mieux soigner et accompagner.

D'un autre côté, nous avons un système de santé fragilisé avec des professionnels de santé qui sont de moins en moins nombreux et des aidants dépassés. Tout ce secteur est touché par un phénomène de grande démission depuis la crise du Covid-19. Les métiers du soin sont devenus moins attrayants en raison de la pénibilité et du manque de sens. En parallèle, le personnel de santé aspire à travailler différemment pour avoir une meilleure qualité de vie. Tout cet écosystème se retrouve désorganisé avec de surcroît des problématiques criantes en ce qui concerne son financement.

Au final, nous avons donc une équation complexe à résoudre : plus de patients, de personnes vulnérables à prendre en charge, avec un manque de moyens humains et financiers pour y faire face ; et dans le même temps, nous vivons aussi une période incroyable et formidable sur le plan des progrès scientifiques et technologiques ! L'intelligence artificielle (IA) est l'un de ces progrès qui peuvent améliorer à la fois le soin et l'organisation des professionnels de santé.

Aujourd'hui, il y a donc une nécessité absolue, celle d'être d'abord réaliste et de comprendre que ce double constat peut précipiter notre système de santé vers l'abîme. Ensuite, il s'agit d'être optimiste quant à l'IA et d'accélérer immédiatement son développement au service de la santé pour tous.

Mon rêve est donc celui-ci : capitalisons sur l'IA pour développer une santé plus accessible et plus humaine qui répond aux grands défis en matière de santé publique.

Certains mettront en avant la dangerosité supposée de l'IA et me diront que, si on la laisse croître, il n'y aura plus d'humains du tout dans les métiers de la santé.

Je pense résolument le contraire. D'abord, parce que je considère que la santé s'est déjà profondément déshumanisée. Nos services d'urgence sont débordés et les listes d'attente s'allongent. Les services de santé sont dans les mains de vacataires qui font tenir le système, tandis que les soignants passent plus de temps à remplir des tâches administratives qu'au chevet des patients qui se retrouvent déboussolés.

Ensuite, je dirais que les robots et la technique servent déjà notre médecine traditionnelle. Nos médecins et chercheurs s'appuient largement dessus et il y a même une course à la technicité… Le médecin est devenu un technicien, et de fait, il est devenu moins humain dans la relation avec ses patients.

Face à cela, la digitalisation de notre système de santé, déjà en cours, répond à des enjeux de santé majeurs et apporte de nouveaux outils à la recherche. Par exemple, la lutte contre les déserts médicaux est facilitée par l'émergence des téléconsultations, tandis que l'utilisation du *Big Data* a permis de réduire considérablement les délais de la recherche clinique.

Partant de ces constats et de ma triple expérience d'exploitant, d'entrepreneur et d'investisseur dans le domaine de la santé, je crois fondamentalement que l'IA va être le catalyseur d'une prise en charge des patients plus humaine mais aussi plus rapide et moins couteuse. Elle libérera du temps pour que les soignants se reconcentrent sur l'aspect relationnel de leur métier. Cela permettra également de faire monter en compétence des professionnels et d'autres acteurs de la santé, apportant ainsi une réponse au manque de sens exprimé. Des études américaines montrent déjà que les patients, en majorité, perçoivent de l'humanité dans une prise en charge réalisée avec l'IA plutôt que dans celle réalisée avec un médecin tout seul.

Bien sûr, le développement de l'IA en santé doit impérativement respecter des principes éthiques, en garantissant la protection de la vie privée et du secret médical. Cependant, les enjeux pour notre système de santé sont si importants qu'il nous faudra trouver un équilibre délicat entre l'innovation et le respect de ces principes. Nous ne pouvons pas nous permettre de freiner les avancées de l'IA sous prétexte d'un excès de précaution qui pourrait freiner l'amélioration de soins et un meilleur accès à la santé pour tous.

Le message que je souhaite adresser est le suivant : n'ayons pas peur de l'IA. Faisons d'elle une alliée pour soigner mieux, plus vite et partout.

23.

Réglementer l'intelligence artificielle pour le bien commun

Auteur (notamment de « Faux raccord » sur le Web), dialoguiste et entrepreneur, Gabriel Sardet a créé sa première société de production en 2007, après plusieurs années passées dans le monde de la communication et de la radio. En 2011, il rejoint AlloCiné pour prendre la direction de la filiale de conception de contenus du groupe. En 2017, il rejoint June 21 en qualité de directeur conseil grands comptes, puis, deux ans plus tard, devient directeur associé d'ILMcie. Il intervient également comme conseiller en stratégie de communication et de l'image auprès de dirigeants d'entreprises.

L'intelligence artificielle générative soulève des questions, dont la plus profonde est celle d'un choix de société. Car il ne s'agit pas de simples logiciels mais bel et bien d'une forme d'intelligence qui, comme un enfant, apprend et se perfectionne chaque jour un peu plus. Nous sommes face à un système bien plus sophistiqué et évolutif que celui qui consiste à déclencher un ordre à l'aide d'un « Alexa ». Chaque utilisateur qui prompte[30] bien enrichit le contenu. Au fur et à mesure, l'intelligence artificielle (IA) est plus autonome, pertinente, déjà capable de remplacer des postes, voire bientôt... d'imiter des émotions.

Artistes, traducteurs, interprètes, journalistes, services clients, professions juridiques, analystes de données, développeurs informatiques... la liste des professions impactées par l'IA s'allonge à une vitesse vertigineuse et le FMI estime d'ailleurs que près de 40 % des emplois le seront bientôt.

Des économies seront réalisées, certes, mais à terme, les inégalités se creuseront. Dans un contexte où une forme de déshumanisation affleure déjà dans nos vies trop virtuelles, j'appelle de mes vœux une loi – inciter ne suffit malheureusement pas – qui spécifiera que l'intelligence artificielle doit avant tout être un outil au service de l'humain et ne doit ni supprimer un emploi ni mécaniser à outrance nos interactions.

30 Prompter, dans le domaine de l'IA générative, consiste à donner les instructions les plus précises possibles pour générer un texte, une image, une vidéo... Certains avancent même l'idée que ceux qui sauront le plus savamment poser les questions à une IA seront les « gagnants » de cette nouvelle ère.

Il ne s'agit pas de protéger un petit pré carré mais d'œuvrer pour le bien commun. La France peut prendre la tête d'un tel mouvement. Car laisser l'IA se développer insidieusement dans chaque aspect de nos vies sans garde-fous est risqué pour la nation.

La « gen Z » ayant baigné dans ces nouvelles technologies depuis le berceau, c'est à ma génération de poser des limites, avec une vision à long terme. Le nucléaire est un exemple à garder en tête : être en mesure de faire quelque chose ne signifie pas éluder ses conséquences. L'éthique doit s'inviter dans le débat.

L'IA est bénéfique à maints égards, à condition qu'elle ne déshumanise pas.

Voulons-nous prendre la même direction que NetDragon Websoft, l'un des leaders chinois du jeu vidéo, qui a nommé une IA à la tête d'une de ses filiales ? La direction du film *Her* avec un assistant personnel virtuel qui nous isole ? Pour moi, cela ne correspond en rien à un projet de société heureux.

Utilisons donc l'IA, oui, mais au service de l'intérêt général sans nous affranchir des rapports humains.

Dans le domaine médical, par exemple, il est avéré que l'IA permet un diagnostic précis… et nous manquons de médecins. Dans les hôpitaux, dont les urgences sont saturées, l'IA de demain pourra être utile pour une première évaluation, puis aiguiller le patient vers le bon service ou le bon spécialiste tout en désengorgeant des établissements.

Les Français s'insurgent contre la dégradation des services publics alors que les impôts et les charges – même si je préfère « cotisations » – sont très élevés[31]. La difficulté est-elle de les payer ? Ou de ne plus comprendre comment les services publics peuvent se dégrader autant en dépit de ces prélèvements excessifs ?

L'IA pourrait être à même d'assurer des tâches administratives, lesquelles représentent par exemple jusqu'à 20 % des postes à l'hôpital, jusqu'à 10 % au collège et au lycée, et jusqu'à 25 % à l'université. Alléger la bureaucratie grâce à l'IA et allouer plus de moyens au recrutement des infirmières, des médecins, des professeurs… me semble de nature à améliorer la qualité des services publics, en maintenant l'humain au centre.

Dans l'entreprise, elle ne remplacerait pas le collaborateur, mais le seconderait efficacement dans certaines tâches chronophages. Que l'on ne se méprenne pas : il s'agit d'optimiser et non de faire des économies. La sémantique est essentielle. *In fine*, l'optimisation crée mécaniquement et rapidement de l'économie. L'inverse n'est pas forcément vrai et peut compromettre la compétitivité future du pays.

31 La France arrive dans le peloton de tête de l'OCDE en cumul cotisations/impôts.

Certains salariés devront accepter de bifurquer d'un emploi vers un autre, c'est inévitable. Pour autant, c'est possible avec une concertation et des accords de branche, en vue d'une performance accrue de notre économie.

Plus une société se sent protégée, plus elle est confiante et féconde. J'espère que, dans ce monde en pleine évolution technologique et trop soumis aux effets de la communication, la classe politique s'emparera du sujet.

L'IA doit-elle être encadrée dans son usage ? De la réponse à cette question découle une partie du projet de société que nous souhaitons construire.

PROTÉGER NOTRE ENVIRONNEMENT

24.

Réconcilier l'industrie et l'écologie

Hubert de Boisredon crée une banque de microcrédit au Chili avant de rejoindre Rhône-Poulenc et Rhodia (devenu Solvay), passant alors plusieurs années en Asie. Il prend la tête du groupe industriel Armor Group en 2004. Cofondateur du collectif Dirigeants responsables, il a publié Déserter ou s'engager ? Lettre aux jeunes qui veulent changer le monde[32].

Dans le cadre de l'accord de Paris 2050, l'objectif des pays de l'Union européenne est de réduire de moitié les émissions de gaz à effet de serre d'ici à 2030 par rapport à 1990[33]. Pour la France, cela se traduit par le fait d'atteindre

32 Éditions Mame, 2023. Il est également l'auteur de *L'Esprit souffle, suis-le. Itinéraire d'un dirigeant engagé* (éditions Mame, 2021).
33 Objectifs réactualisés en octobre 2023. L'UE s'est engagée à atteindre la neutralité climatique d'ici à 2050. Voir https://europa.eu/!bq4vyn

33 % d'énergies renouvelables à la même échéance[34]. Ce sont des conditions *sine qua non* pour limiter le réchauffement climatique à + 1,5 °C. En tant qu'entrepreneurs et industriels, nous ne pouvons pas ignorer cet enjeu.

J'ai étudié à la New York University en 1985. La première page de mon livre de finance internationale citait Milton Friedman : « Le but de l'entreprise est la maximisation du profit pour ses actionnaires[35]. » Quand j'étudiais à HEC, en 1986, l'objectif naturel était de croître, croître, croître, avec l'idée que « le plus est le mieux ».

Comment en sortir ? Je ne crois pas au discours qui dit : « Je me contente de produire le pétrole qu'on me demande, et s'il faut aller en Antarctique ou dans les parcs naturels en Afrique, avec tous les risques associés sur l'environnement, je le ferai car cela répond à la demande. » La Terre étant finie et les ressources limitées, fonder l'économie uniquement sur la croissance et la consommation des ressources nous mène droit dans le mur. Les peuples et la Terre vont crier, et cela se retournera contre l'économie elle-même.

Une voie à construire concerne le déploiement de technologies qui contribuent à une croissance raisonnée et

34 Voir www.ecologie.gouv.fr/energies-renouvelables

35 L'économiste Milton Friedman publie le 13 septembre 1970 dans l@e *New York Times* une tribune titrée « The Social Responsibility of Business Is to Increase Its Profits [la responsabilité sociale de l'entreprise est d'augmenter ses bénéfices] » : https://bit.ly/3Rvex7y

à améliorer la situation écologique. Mais, sur les activités consommatrices de ressources, une sobriété est nécessaire.

Chez Armor Group, nous avons développé une production de cartouches d'impression remanufacturées. Une cartouche pèse environ 1 kg et nous en reconditionnons 2 millions par an : voilà 2 000 tonnes de matière économisées. C'est une croissance par l'économie circulaire. Deuxième exemple, nous venons de construire une usine de fabrication de collecteurs de courant revêtus[36] qui améliorent la performance et la durée de vie des batteries lithium-ion de 20 %. Plus ils se développeront, plus ils permettront d'économiser des ressources en lithium.

Le rêve que je porte est ainsi de réconcilier industrie et écologie. En déployant des technologies et des coopérations nouvelles. En générant des activités positives pour la planète qui offrent des perspectives de croissance et sont créatrices de sens – notamment pour la jeunesse, qui a besoin de se sentir utile.

La première mesure à prendre dans ce sens est d'instaurer une TVA à taux réduit pour toute l'économie circulaire, en incluant les produits recyclés, comme les consommables d'impression, qui ont déjà payé la TVA.

36 Voir https://bit.ly/3VLDCNW

Ensuite, nous devons davantage soutenir les entreprises de taille intermédiaire (ETI) qui innovent dans des technologies contribuant à l'amélioration de l'environnement. Les ETI, qui représentent 25 % des emplois d'innovation et des dépenses de R & D (recherche et développement) en France, sont les parents pauvres du soutien étatique. Le crédit d'impôt recherche devrait être porté de 30 à 50 % des investissements industriels des PME et des ETI tournés vers des enjeux écologiques.

Enfin, il faut être nettement plus efficace pour nous protéger des importations chinoises dont les conditions de production ne sont pas du tout alignées sur les nôtres (je pense notamment aux produits fabriqués avec le travail forcé des Ouïghours[37]) et dont les investissements pour l'environnement sont souvent beaucoup moins contraignants.

Investir dans des technologies pour une écologie responsable est source d'innovation et d'emplois pour demain. Cette considération concerne finalement le leadership : quel dirigeant veut-on être ? Un gestionnaire du court terme ? Ou le porteur d'une transformation pour le long terme, capable de bâtir des idées qui vont entraîner

37 À l'heure où nous rédigions, l'Union européenne envisageait de renforcer les sanctions contre les produits d'importation issus du travail forcé : https://f24.my/AAhh

nos concitoyens jeunes et moins jeunes vers une vision commune, transformatrice ? Sommes-nous conscients, en tant que chefs d'entreprise, que nous avons une valeur d'exemple ?

Selon moi, le but de l'entreprise est double : fédérer des équipes autour d'un projet utile à la société et contribuer à l'épanouissement des salariés. La rentabilité est nécessaire pour donner plus de corps, de poids et de durabilité à ce projet, pour prendre soin de ses salariés et de toutes ses parties prenantes – y compris les actionnaires, les clients, les fournisseurs. La rentabilité doit toujours être un moyen, pas un but.

25.

Poser des jalons pour basculer vers une agriculture durable

L'ingénieure en biotechnologie Marion Canale crée Cearitis en 2020 avec une cousine. Ces petites-filles d'oléiculteurs italiens ont alors 23 ans. Leur start-up, installée à Aix-en-Provence, a développé avec le CNRS une solution push&pull[38] naturelle contre les ravageurs arboricoles et a récolté plusieurs prix (i-Lab, Cleantech Open, Consumer Technology Association).

Le constat est simple : aujourd'hui, près de 90 % de l'agriculture mondiale est traitée avec des insecticides chimiques. On est loin de ce que préconise l'International Biocontrol Manufacturers Association (IBMA),

38 Combinaison d'un liquide répulsif épandu sur une parcelle à protéger et, autour, de pièges destinés à capturer le ravageur visé.

c'est-à-dire protéger 30 % de l'agriculture par des solutions de biocontrôle[39].

Mon rêve est de basculer vers une agriculture durable et un maximum biologique.

À un premier niveau, le consommateur peut agir très concrètement en achetant le plus possible biologique ou local, à tout le moins en circuit court. Cela motiverait aussi les agriculteurs à recourir à ces réseaux. Aller chez le producteur n'est pas toujours simple et prend du temps, mais permet de maintenir des prix acceptables : entre l'achat en bio dans une grande surface et en direct chez le producteur, l'écart de prix peut atteindre 1 ou 2 € sur le kilo de pommes.

À une autre échelle, il est nécessaire tout à la fois de simplifier les procédures d'autorisation de mise sur le marché (AMM), de favoriser le financement public des innovations offrant des alternatives aux agriculteurs (sur le modèle du programme Parsada[40], très bien doté), mais aussi de faciliter l'investissement privé.

Car, quand une start-up grandit, elle doit augmenter ses fonds propres pour décrocher des subventions, et donc procéder à des augmentations de capital. Or, pour convaincre les investisseurs privés, elle dépend… de l'AMM ! Et comme on

39 « Le biocontrôle est un ensemble de méthodes de protection des végétaux basé sur l'utilisation de mécanismes naturels » : https://agriculture.gouv.fr/quels-sont-les-produits-de-biocontrole

40 Lire aussi l'interview de Fanny Rolet, page 189.

ne sait pas quand on l'obtiendra, on ignore quand on pourra générer du chiffre d'affaires. C'est une énorme incertitude, et les retours sur investissement sont très longs. Résultat, les fonds refusent de miser sur des start-up comme Cearitis.

Pour tenir jusqu'à l'AMM, nous avons besoin d'attirer plus d'investisseurs dans cette tranche de maturité, quand les sociétés ont entre 3 et 6 ans. En attendant, nous allons voir les *business angels*, multiplions les petits tickets d'investissement, recourons au *crowdfunding*... Mais les gros fonds, eux, ne sont pas prêts à mettre 1 à 5 M€[41] sur la table puis à patienter, le temps de développer la technologie et qu'elle obtienne son AMM. Dommage, car c'est à ce moment-là que les start-up telles que la nôtre créent le plus de valeur. Une société valorisée 1 M€ avant une AMM peut être valorisée 10 ou 15 M€ après !

Enfin, à l'autre bout de la chaîne, les agriculteurs restent un peu frileux sur le biocontrôle. Il faut dire qu'on leur a vanté pas mal de solutions miracle qui n'ont pas fonctionné. C'est pourquoi nous ne voulons pas survendre la technologie, mais que l'agriculteur y voie son intérêt et qu'il aille, de lui-même, peu à peu, vers du 100 % biologique. C'est tout l'avantage d'une transition agroécologique. Au lieu de passer du 100 % chimique au 100 % bio,

41 M€ : million d'euros.

on peut combiner traitements chimique et biologique sur une parcelle. Par exemple, 25 %/75 % la première année, 50 %/50 % la suivante. On constate ainsi que l'on obtient la même efficacité et les mêmes rendements en diminuant le nombre de passages d'insecticides.

Comment concilier tous ces aspects ? Dans notre domaine, l'arboriculture, il faudrait travailler sur un plan d'action très précis, qui pose des jalons et respecte les décisions (au contraire des dérogations que l'on voit tous les ans pour des molécules censées être retirées du marché). On pourrait par exemple se dire : le chimique reste autorisé pendant cinq ans mais, en parallèle, on effectue tel test en année 1 ; on pousse telle autre technologie en année 2 ; on finance en année 3 ; on homologue les solutions en année 4…

S'il s'agit d'une priorité publique clairement affichée, les start-up des secteurs concernés obtiendront plus aisément des homologations et attireront bien plus de financeurs. Ce qui créerait une boucle vertueuse et offrirait des solutions très concrètes pour sortir du chimique.

Afin d'avancer sur un tel plan d'action, tout le monde doit se retrouver autour d'une table : acteurs du privé et du public, filières, agriculteurs, gouvernement… Si nous nous engageons pas à pas dans cette voie, si tout le monde s'accorde pour réduire les insecticides, ce sera une belle victoire !

26.

Mettre la monnaie au service d'un nouveau projet de société

Jézabel Couppey-Soubeyran est économiste et maîtresse de conférences à l'université Paris 1 Panthéon-Sorbonne, où elle enseigne l'économie monétaire et financière. Conseillère scientifique à l'Institut Veblen pour les réformes économiques et chroniqueuse pour le journal Le Monde*, elle a signé et cosigné de nombreux ouvrages et publications, dont* Le Pouvoir de la monnaie *et* L'Économie en BD[42].

Mon rêve est celui d'une société apaisée, soudée autour d'un nouveau projet qui fasse du respect des limites planétaires et de l'humain la norme sociale.

42 *Le Pouvoir de la monnaie – Transformons la monnaie pour transformer la société*, avec Pierre Delandre et Augustin Sersiron, éditions Les Liens qui libèrent, 2024 ; *L'Économie en BD*, album illustré par Auriane Bui, Casterman, 2020.

La recherche du profit n'est pas dans la nature des hommes et des femmes, pas plus que la compétition acharnée. Ce n'est pas ainsi que nous avons vécu depuis des millénaires et ce n'est pas par instinct que nous conduisons nos activités économiques mais en réponse aux institutions dont nous nous sommes dotés[43]. Or la quête du profit, de l'accumulation, de la croissance est à la fois inscrite dans les institutions actuelles et largement responsable des dérèglements – économiques, sociaux, écologiques – dont souffrent nos sociétés. Il faut donc un changement institutionnel.

Quelles sont les institutions parmi les plus fondamentales de notre société ? L'État et… la monnaie. Pourtant, beaucoup de gens, et même certains dirigeants, ne savent pas très bien d'où elle vient.

Une banque a un pouvoir de création monétaire par le crédit. Elle ne fait pas crédit grâce à l'argent déjà déposé par ses clients. Quand votre banque vous prête 100 €, elle inscrit « 100 » sur votre compte de dépôt. Voilà comment se crée la monnaie depuis le XIXe siècle dans notre système.

Cette monnaie n'est pas gratuite. Vous remboursez le crédit, payez un intérêt. La création de monnaie par les banques est donc encastrée dans une relation financière

43 Thèse développée par l'économiste Karl Polanyi, l'un des fondateurs de l'anthropologie économique, dans *La Grande Transformation*, 1944.

de dette. Et elle est façonnée pour réaliser des projets marchands, rentables, qui permettront de rembourser avec intérêt. La monnaie du système contemporain, conçue pour aller vers des réalisations qui génèrent du profit, épouse ainsi le projet de société capitaliste.

Mais financera-t-elle la transformation écologique qui requiert d'énormes investissements, pas tous rentables. Certains de ces investissements sont désormais rentables, comme ceux dans les énergies renouvelables – quoique le vert rentable ne le soit pas encore autant que le « brun[44] » rentable. Nous devons donc faire évoluer la réglementation pour que les banques se dirigent davantage vers le vert.

Une mesure prioritaire serait de leur interdire de financer le charbon et les énergies fossiles, bien sûr avec un calendrier et un temps d'adaptation. Il faut aussi que les banques se défassent de leurs actifs bruns, ce qui demanderait des règles assez fermes. La première évolution de la réglementation sera sans doute moins ambitieuse : on ajoutera vraisemblablement à l'exigence de fonds propres des banques un petit coussin climatique. Et nous n'y sommes pas encore !

Mais comment financer les investissements de transition non rentables, si on ne peut augmenter ni les impôts ni la

44 Le « brun » désigne les activités liées aux énergies fossiles.

dette ? Ceux-là requièrent des changements plus profonds. Bonne nouvelle toutefois : il y a des solutions !

Notre système monétaire possède des institutions très puissantes : les banques centrales. On y a beaucoup recouru pour gérer la crise financière de 2007-2008 et la crise sanitaire. Qu'ont-elles fait ? Elles ont créé énormément de monnaie centrale. Mettre ce pouvoir de création au service de la société, de la transformation écologique, constituerait une avancée considérable.

Les banques centrales pourraient créer de la monnaie (en dehors d'un prêt, sans contrepartie) qui irait à des sociétés financières publiques : des « caisses de développement durable[45] ». Celles-ci auraient pour mission d'allouer des subventions aux acteurs – ménages, entreprises, organismes publics… – qui doivent réaliser des investissements de transformation écologique non rentables et répondant à des critères d'éligibilité. Les caisses fonctionneraient en réseau à l'échelle européenne, à l'échelle nationale, à l'échelle locale, et seraient gouvernées de façon très ouverte, avec des représentants politiques et de la société civile, des scientifiques, des économistes, des sociologues…

45 Lire aussi « Le pouvoir de la monnaie au service de la transition écologique et sociale » : https://bit.ly/3VcJApB

Attention, ce n'est pas de la planche à billets à gogo ! Il s'agirait d'une création monétaire[46] affectée à des dépenses d'investissement qu'on ne peut pas et ne sait pas financer autrement. Ce mode de création monétaire non marchandisé, désencastré de la dette et des marchés financiers, changerait notre société en profondeur.

Les banques centrales disposent d'un puissant pouvoir, nous devons nous le réapproprier. Nous pourrons ainsi imaginer une transition écologique qui soit un chemin vers une société à la fois plus sobre et plus heureuse.

Ce chemin existe, les solutions existent, la monnaie en est une.

46 Il faut certes veiller au risque d'inflation, mais des instruments de régulation existent pour détruire la monnaie si elle circule à l'excès.

27.

Des crédits carbone individuels pour verdir notre consommation

Victor Habert-Dassault, arrière-petit-fils de Marcel Dassault, a étudié à la London School of Economics et est titulaire d'un master en droit public. Député de l'Oise de 2021 à 2024, il a alors notamment travaillé sur la régulation de « l'espace numérique » et sur l'« industrie verte ». Il est également avocat et vice-président du parti Les Républicains.

Il est avéré que le climat se réchauffe. Les COP successives tentent d'endiguer le problème, mais on reste en retard. Des mesures sont prises, parfois fortes, parfois incomprises. Or je crois beaucoup au réveil citoyen et à la conscience individuelle.

C'est pourquoi mon rêve est que la responsabilité et la valorisation du comportement plus écologique de chacun permettent d'engager une action collective de masse.

Comment ? L'idée centrale est de créer un système de mesure de l'empreinte carbone globale d'une personne, qui serait comparée à une moyenne de référence.

La mesure s'effectuerait par pan d'activité (recyclage et tri, dépenses d'énergie, mobilité et utilisation des véhicules, etc.), avec des capteurs précis. Les données telles que le poids annuel de vos déchets seraient transmises à l'État – uniquement si vous consentez à participer au système. Elles seraient alors comparées à une moyenne de référence, celle d'un ménage qui consomme de façon sobre, en prenant éventuellement en compte les enfants. Si vous êtes en dessous du seuil de référence, cela vous ouvrirait le droit à des crédits carbone. Et ces crédits vous donneraient par exemple un accès gratuit aux transports publics, ou à des bons de réduction pour l'achat de vélos électriques, voire à des subventions pour des travaux écoresponsables ou des produits écologiques.

L'idée n'est pas de pénétrer de manière intrusive dans la vie du citoyen. Celui-ci s'inscrirait librement dans la démarche. Il choisirait les pans de sa vie pour lesquels il souhaite obtenir des données plus précises et accepte que l'État les recueille. Vous pourriez dire : « Au départ, je veux bien effectuer le test pour ma consommation d'énergie, car j'estime pouvoir être en phase avec l'indice national, mais, pour l'heure, ma mobilité et mes déchets ne seront pas pris en compte. »

On mettrait alors des compteurs à votre disposition, et vous effectueriez vous-même vos calculs. De ce seul fait, vous vous rendriez compte du poids de vos poubelles et que vous pouvez agir de votre propre chef, sans intervention de l'État, même si cela exigerait sans doute davantage de temps.

Ce système demanderait de la pédagogie, d'expliquer que l'État ne va pas se servir des informations contre les citoyens, mais pour le bien commun – comme lorsqu'on fournit des données de santé anonymisées à des laboratoires pour faire avancer la recherche.

Il offrirait aussi aux pouvoirs publics un suivi concret de la consommation des individus et de l'évolution des efforts, ainsi que de la part de consommation et de pollution issue des entreprises et des individus. Ce qui permettrait de mieux cibler les politiques sur les secteurs où l'on dépasse les indices.

Voilà qui pourrait engendrer un cercle vertueux, où chacun trouverait son compte. Le temps que certains passeraient à effectuer des gestes que d'autres n'ont pas envie d'entreprendre serait récompensé avec les crédits carbone.

Attention, l'idée n'est pas de créer un marché de ces crédits, comme pour les entreprises. Le crédit carbone expirerait au bout d'un mois ou deux, et ne serait pas échangeable – on ne pourrait pas acheter celui de son voisin. Il s'agirait donc d'un marché non liquide.

Une « banque carbone » pourrait par ailleurs créer en nombre limité des crédits, que l'on achèterait quand on se situe au-dessus des indices de référence dans beaucoup de secteurs. Ces crédits financeraient par exemple la reforestation ou des initiatives publiques en faveur de l'environnement.

Cette formule serait juste, car elle pousserait tout le monde à fournir un effort. Et elle pourrait mettre un frein, pour les plus aisés, à une consommation peut-être excessive.

Car nous ne pouvons pas faire l'économie d'une prise de conscience collective, concrète. Ce système d'incitation et de récompense a pour but que la lutte contre le changement climatique ne soit plus quelque chose de nébuleux, dont on entend parler au JT, mais de quotidien. Si le citoyen s'en empare, il pourra réfléchir autrement à sa consommation, trouver des alternatives. Et reprendre le pouvoir sur le sujet.

28.

Les Français peuvent être des gardiens des forêts en France comme à l'international

Amandine Hersant a travaillé chez Danone de 2008 à 2019, sur des modèles d'innovation sociale et environnementale. Depuis 2019, elle dirige l'association Planète urgence et contribue à la lutte contre le changement climatique, l'extinction des espèces et les inégalités sociales sur les trois grands bassins forestiers.

Je ne sais pas exactement d'où vient mon engagement en faveur de l'environnement. Peut-être de mon père, qui m'emmenait écouter la chouette hulotte la nuit, ou peut-être est-ce le fait d'avoir grandi dans un cadre verdoyant, Angers, où je pouvais regarder les mésanges bleues aux jumelles… Plus grande, en 2005, je me suis orientée vers une école de commerce. Cela m'a fascinée. J'ai alors découvert un univers passionnant, fait d'entrepreneurs et d'échanges internationaux, mais qui était encore à l'époque très déconnecté des enjeux sociaux et environnementaux.

J'ai ensuite rejoint le groupe Danone et son Fonds de dotation pour l'écosystème, dont l'objectif est de soutenir par des projets innovants les acteurs de la chaîne de valeur de l'entreprise des pays vulnérables (producteurs, recycleurs, vendeurs de rue, etc.). Cela m'a amenée à voyager et à rencontrer celles et ceux qui se mobilisent face au dérèglement climatique et luttent contre la pauvreté et les inégalités.

Avoir été en particulier au contact de la réalité des bidonvilles et de ses habitants m'a donné l'envie de m'impliquer davantage sur les problématiques environnementales, à l'origine des difficultés actuelles de l'humanité. Aussi, en 2019, j'ai rejoint Planète urgence en tant que directrice générale. Une ONG de solidarité internationale forte d'une centaine de salariés. L'association mène des projets de restauration sur les trois grands bassins tropicaux et fait appel à des volontaires qui ont envie de s'engager *via* le congé solidaire®. Sa mission est donc de préserver les forêts, là où il y a urgence à les conserver et à les restaurer. Nous agissons contre la déforestation, responsable de 10 % des émissions mondiales de gaz à effet de serre, et pour la protection de la biodiversité terrestre, les forêts en abritant 80 %. En détruisant cette dernière, c'est notre espèce que nous mettons gravement en péril. La sauvegarde de la forêt doit donc entrer dans nos préoccupations premières. Mon vœu le plus cher est ainsi que chaque Français devienne un gardien de la forêt en France, et ailleurs (en évitant par exemple la déforestation importée par l'achat de produits provenant de celle des autres pays).

Pour que ce rêve se réalise, je propose de renforcer la sensibilisation et l'éducation à la préservation des forêts dès la maternelle. Les enseignants seraient formés sur ce thème, qui ferait partie des programmes éducatifs. En parallèle, il faudrait encourager l'école en plein air et les immersions dans la nature afin que nos enfants comprennent la relation d'interdépendance qui nous unit à elle. Un autre moyen de remettre le vivant au centre des cœurs, et pas seulement de ceux des enfants, serait la création de milliers de « forêts comestibles », permettant de recréer un lien nourricier avec ces dernières. Les agriculteurs pourraient y trouver une source de revenu complémentaire en proposant des cueillettes locales, sachant que la reforestation de parcelles est régénératrice par ailleurs des sols et favorise le cycle de l'eau.

Le deuxième axe essentiel d'action serait de soutenir la conservation et la restauration des écosystèmes. En Europe, cela passerait par une refonte de la politique agricole commune (PAC) et des politiques forestières pour que les subventions bénéficient à une autre forme d'agriculture et de rapport au vivant, et valorisent une sylviculture diversifiée.

Les États doivent se mobiliser de façon ambitieuse à la hauteur de l'urgence climatique et environnementale. Notons que la tendance va dans le bon sens puisque la COP15 biodiversité, qui s'est tenue à Montréal fin 2022, a voté pour la restauration de 30 % des zones dégradées de la planète d'ici à 2030, ce qui inclut évidemment les forêts. Il s'agit d'un réel progrès, même si chaque pays doit encore mettre en musique ses propres engagements en définissant sa trajectoire pour les atteindre. Avec la dense couverture forestière de ses territoires d'outre-mer, comme en Guyane, et le levier que constitue l'aide publique au développement, la France a pleinement sa carte à jouer.

L'humanité ne sera durable que si elle ne dépasse pas les neuf limites planétaires et cesse de croire en l'illusoire « compensation » de nos impacts négatifs. Notre planète n'a pas la capacité de vivre à crédit. À nous d'inventer d'autres façons de l'habiter, dans la joie et la simplicité.

29.

Nourrir les sols pour qu'ils puissent nous nourrir

Justine Lipuma, docteure en microbiologie, est à la tête de Mycophyto, start-up qu'elle a cofondée en 2017 et qui développe des technologies de revitalisation des sols grâce à des champignons microscopiques[47]*. Elle est aussi vice-présidente de l'association La Ferme digitale*[48]*, qui promeut l'innovation pour une agriculture durable.*

Les sols ne sont pas morts, mais ils sont en train de mourir. En Europe, 60 % d'entre eux sont dégradés[49]. Ce sont des sols non artificialisés qui devraient servir à nous nourrir et ne le peuvent plus, car ils sont désormais dépourvus de vie.

47 www.mycophyto.fr/

48 www.lafermedigitale.fr/

49 Lire également : https://bit.ly/3RiIAPJ. Le taux mondial de dégradation des sols pourrait atteindre 40 %, selon le rapport « Perspectives territoriales mondiales » de la Convention des Nations unies sur la lutte contre la désertification : www.unccd.int/sites/default/files/2022-05/UNCCD_SDM_V34_FR_Web.pdf

Le cercle vertueux de la fertilité se brise quand on récolte : on retire une matière organique qui aurait dû retomber, être digérée par des organismes, puis générer à nouveau des nutriments pour la culture. Le modèle agricole exige donc de réenrichir les sols. Depuis plusieurs décennies, nous recourons aux apports d'engrais plutôt que, par exemple, à la rotation des cultures, avec des légumineuses qui amendent la terre. Mais, même avec toute la chimie que l'on veut, on atteint des limites de rendement, et plus encore avec le changement climatique.

L'agriculture ne peut pas être performante sur des sols morts. Elle ne peut l'être qu'en devenant plus durable, notamment en luttant contre leur dégradation. Le rêve que je veux porter est celui de retrouver des sols vivants.

Pour cela, il faut déjà comprendre qu'ils le sont. Ils abritent un quart de la biodiversité terrestre. Ce monde invisible, microscopique, me passionne. On recense plus d'êtres vivants dans une cuillerée à café de sol de forêt que d'êtres humains sur terre !

Cela signifie qu'il y a là une vie à préserver et qu'il faut réfléchir sur un modèle agricole où l'on ne fait pas que ponctionner, mais où l'on apporte aussi.

Les sols, on ne fait que les emprunter. Quand vous louez une maison, vous réalisez un état des lieux à l'entrée et à la sortie. Vous êtes censé la rendre dans le même état.

Beaucoup d'agriculteurs sont sur des baux ruraux à vingt-cinq ou trente ans[50]. Il faudrait des mesures, des indicateurs permettant de juger l'état des sols après des cycles de culture, après des années d'exploitation : rend-on ces sols dans un état correct ou pas ?

L'idée est plus incitative que punitive : en quantifiant mieux les impacts, on valoriserait ce qui contribue à préserver les sols. Les agriculteurs pourraient par exemple obtenir un complément de revenu lié à de la captation de carbone supplémentaire.

Les engrais sont en outre un facteur possible de décarbonation du secteur. Ils constituent la deuxième source d'émissions de gaz à effet de serre en agriculture (après les animaux d'élevage[51]). Réduire les doses en intégrant des approches complémentaires permettrait déjà de changer un peu la donne.

Il faudrait aussi travailler les apports chimiques davantage en préventif qu'en curatif, et favoriser la diversité des systèmes de culture – ne pas cultiver toujours la même plante au même endroit. De nombreuses études ont

50 En France, en 2010, la surface agricole utile était exploitée en fermage pour les trois quarts : www.insee.fr/fr/statistiques/fichier/1377845/ES444C.pdf. En 2016, en France métropolitaine, 22 111 exploitations étaient en location : https://agreste.agriculture.gouv.fr/agreste-web/methodon/S-ESEA%202016/methodon/

51 Voir https://agriculture.gouv.fr/infographie-le-secteur-agricole-et-forestier-la-fois-emetteur-et-capteur-de-gaz-effet-de-serre également montré que les actions mécaniques, notamment le labour profond, sont dévastatrices et enlèvent la vie du sol.

Il faut parfois mille ans pour en créer un seul centimètre[52]. Nous ne verrons pas revivre les sols qui sont morts à l'échelle humaine. Mais nous pouvons encore inverser la tendance.

Rappelons-nous que 95 % de notre alimentation provient des sols. L'Organisation des Nations unies pour l'alimentation et l'agriculture (FAO) les a d'ailleurs récemment placés parmi ses enjeux prioritaires[53]. Les régénérer est l'un des leviers les plus forts pour répondre aux problèmes de famine dans le monde. De plus, les sols participent à la souveraineté alimentaire, qui pèse très lourd sur l'échiquier géopolitique, on l'a vu avec le conflit en Ukraine.

Il n'existe pas une, mais des solutions. Tout cela ne peut se faire qu'avec et pour les agriculteurs. Ils sont bien évidemment les plus à même de réagir, car ils connaissent leur sol. Nous pouvons les accompagner grâce aux outils innovants que nous développons pour une agriculture plus performante et durable.

52 Lire aussi le dossier « Des sols essentiels à la vie », Institut national de recherche pour l'agriculture, l'alimentation et l'environnement (Inrae) : www.inrae.fr/dossiers/peut-encore-sauver-sols/sols-essentiels-vie

53 Voir www.fao.org/global-soil-partnership/resources/highlights/detail/fr/c/1600734/

30.

Faire de la France le leader mondial du biocontrôle

Fanny Rolet, titulaire d'un master en biotechnologie, est une passionnée des sciences du vivant. Elle travaille d'abord sur un projet d'entreprise dans le domaine du diagnostic du cancer colorectal. Puis, sollicitée par un vigneron qui lui demande comment mieux rentabiliser son domaine, elle crée Antofénol, en 2014, à Montpellier. Cette start-up est spécialisée dans l'extraction par micro-ondes de molécules issues de matière végétale.

Nous avons tous un besoin fondamental : nous nourrir. Pour cela, il faut produire. Alors, quand vous changez les choses dans le domaine agricole, votre impact est démultiplié, il concerne tout le monde.

Or, au fil des millions d'années d'évolution, la nature a créé ses solutions pour faire face à des problématiques (sécheresse, maladies…) que l'humain a accentuées avec une agriculture intensive, mais elle a continué de s'adapter. La nature a les clés en main. Maintenant, charge à l'humain de concentrer ce qu'elle a développé pour pouvoir le déployer largement, de démocratiser ces solutions naturelles pour une agriculture résiliente.

C'est tout le modèle d'Antofénol. Nous achetons du bois de vigne à des viticulteurs et le chauffons par micro-ondes (ce que l'on appelle l'« éco-extraction »). Cela libère son système immunitaire, que nous récupérons pour l'utiliser sur les cultures à la place de produits chimiques. La démarche est circulaire et vertueuse : le déchet agricole est transformé en intrant, qui aide à mieux produire, donc à obtenir une matière de meilleure qualité, qui me permet de produire à nouveau…

L'évolution vers des pratiques naturelles n'est pas une lubie d'« écolo-bobo parisien ». Elle exige cependant le développement de solutions de biocontrôle à grande échelle. Et mon rêve est que la France, qui a la plus belle agriculture du monde, en soit le leader mondial !

Aujourd'hui, nous sommes nombreux sur ce marché. Nombreux, mais petits. Nous devons donc créer, avec toutes les forces vives présentes sur le territoire français, un consortium de solutions – un mini-Bayer, un mini-BASF, un mini-Syngenta – du biocontrôle.

L'objectif est de proposer aux agriculteurs un portefeuille complet : de l'herbicide à l'insecticide et au fongicide, jusqu'aux produits de conservation des fruits et légumes ou pour maintenir la consistance de la chair. Nous avons besoin d'une offre *all inclusive* et 100 % naturelle, évidemment compatible avec le bio, qui préserve l'environnement et limite le gaspillage[54]. Sans oublier que cela doit permettre aux agriculteurs de vivre de leur activité, sans être victimes de problèmes de santé à 40 ou 50 ans.

Comment ? D'abord, en facilitant l'accès au marché. L'obtention d'une autorisation de mise sur le marché (AMM) en Europe pour un produit de biocontrôle coûte 6 millions d'euros et dure à peu près huit ans. À cet obstacle s'ajoutent les politiques étatiques et l'aspect réglementaire. Voyez ce qui s'est passé avec les néonicotinoïdes[55] : il suffit d'une pression assez forte et, comme par miracle, ils reviennent.

Le verrou réglementaire freine les petites structures. Car elles n'ont pas les reins assez solides et peinent à

54 Soit, aujourd'hui, 30 à 40 % de la production mondiale. Voir https://bit.ly/3yANzF2 et www.fao.org/in-action/seeking-end-to-loss-and-waste-of-food-along-production-chain/fr/

55 Ces insecticides ciblant le système nerveux sont accusés d'affecter la santé humaine et les pollinisateurs. La Cour de justice de l'Union européenne a décidé en janvier 2023 d'interdire toute dérogation à leur utilisation, mais des propositions de loi tentent d'en réautoriser et les débats restent vifs (voir par exemple https://bit.ly/4bvSBBe).

attirer les investisseurs qui se ruent sur le high-tech ou l'informatique, domaines dans lesquels une application est rentable très rapidement sans nécessiter beaucoup d'investissements. Conséquence, nos entreprises ont les idées, mais ne trouvent pas les investisseurs… et elles coulent.

C'est pourquoi la France doit créer cette entité qui fédère tous les « petits », qui les aide à homologuer et qui, en conséquence, leur permettra d'accéder au marché – français, d'abord, puis européen et mondial. Cela aidera aussi à clarifier le discours auprès des agriculteurs. Et garantira leur compétitivité sur le marché international.

Bien sûr, tout le monde doit fournir un effort : le producteur de solutions de biocontrôle, sur ses coûts de production ; le distributeur, sur ses marges ; le metteur en marché, en élargissant ses références ; l'État, en soutenant les agriculteurs qui adoptent ces solutions et prennent un risque sur leur saison.

D'autant que les agriculteurs montrent un véritable intérêt pour ces solutions. Ils sont lassés d'être traités de pollueurs. Ils sont prêts à changer si on leur propose une solution à un coût acceptable, tout aussi efficace que la chimie, et naturelle. Voilà les trois arguments qui les feront basculer.

L'heure est venue. Il suffit de regarder l'actualité : le plan Parsada[56], le plan Écophyto 2030[57], le retrait du marché de molécules de synthèse... Ne l'oublions pas : au départ, le mot « biocontrôle » est français. Auparavant, les anglophones parlaient de *biopesticides*. Désormais, ils disent... *biocontrol* !

56 Plan d'action stratégique pour l'anticipation du potentiel retrait européen des substances actives et le développement de techniques alternatives pour la protection des cultures. Voir http://bit.ly/3WOqUPl
57 https://agriculture.gouv.fr/strategie-ecophyto-2030

RÉUSSIR INDIVIDUELLEMENT ET COLLECTIVEMENT

31.

Une révolution managériale, pour que chacun suive son rêve professionnel

Jean-Baptiste Barfety, directeur de la Chaire ICP-ESSEC « Entreprise et Bien commun », a rédigé le rapport Notat-Senard sur les entreprises à mission, a cofondé le projet Sens, fédérant des directeurs de ressources humaines représentant un million de salariés. Ce collectif a publié un rapport[58] *et dix engagements concrets sur le sens au travail. Il œuvre à une coalition pour l'engagement territorial des entreprises.*

Imaginez un monde où chacun se lève impatient de commencer sa journée de travail, visualisant parfaitement sa contribution au bien commun et ayant les conditions

58 Le rapport sur le sens au travail et les engagements sont téléchargeables gratuitement sur www.projet-sens.fr

pour le faire correctement. Utopie ? Non : un plan réalisable sans nouvelle loi ni dépense publique, qui repose en revanche sur une mobilisation inédite des managers et dirigeants. Une révolution managériale possible à l'échelle d'une entreprise et encore un rêve à l'échelle de la France.

Cols blancs, cols-bleus : chacun cherche son graal. Les premiers, mieux rémunérés, cherchent souvent le sens de leur travail, tandis que les seconds, conscients de leur utilité quotidienne, réclament la reconnaissance financière et humaine qui leur échappe.

Peut-on chiffrer un rêve ? Je peux en tout cas vous dire que celui-ci concerne 43 % des actifs : c'est la proportion qui envisage de changer d'emploi pour un autre qui aurait plus de sens. De 1990 à 2022, la part des Français estimant le travail comme « très important » dans leur vie est passée de 60 à 21 %[59].

La pandémie a joué le rôle d'un séisme, révélant les failles de notre rapport au travail. Confinés chez eux, beaucoup ont réalisé que le monde continuait de tourner. D'autres ont vu leur salon se transformer en bureau, brouillant les frontières entre vie professionnelle et personnelle. Ce chamboulement nous a forcés à nous poser LA question : qu'attendons-nous vraiment de notre travail ?

59 André Letowski, *Articles et analyses sur l'entreprenariat*, 2023.

Dans une société où les institutions s'effacent – États, Églises, syndicats, partis politiques –, le travail devient le dernier bastion où l'on cherche du sens. Privés de boussole, nous nous accrochons à notre bureau ou notre guichet pour ne pas perdre le nord.

Un salarié me confiait : « Allez expliquer la gestion d'actifs à votre enfant de 9 ans qui a un copain dont le papa est pompier ! Personne dans notre entourage ne comprend ce qu'on fait. Et même une fois qu'on a expliqué l'utilité du métier, il nous faut encore visualiser notre contribution individuelle là-dedans. »

Les personnes interrogées ne veulent plus être assimilées au rouage d'une grande mécanique impersonnelle dans leur travail. Elles demandent considération et reconnaissance. Inutile d'installer un baby-foot ou une salle de sieste, si le management ou l'organisation du travail ne s'améliorent pas.

Il y a beaucoup de pistes à explorer. Ces témoignages demandent d'arrêter les grands plans descendants et que les décisions soient plus discutées avec les personnes directement concernées en bout de chaîne, d'où la nécessité d'un réel dialogue professionnel en complément du dialogue social, comme cela a été enclenché dans plusieurs entreprises.

Il y a beaucoup à faire dans le management, souvent considéré à tort comme la cinquième roue du carrosse. On nomme managers des personnes pour les récompenser, sans considérer leur appétence ou leur compétence pour cette fonction cruciale. Mal gérée, elle laisse souvent de mauvais souvenirs. La normalisation d'une quantité importante de télétravail dans de nombreux métiers renouvelle ce défi et devrait attirer l'attention sur ce pilier de l'entreprise.

Dans une société qui, de plus en plus, humanise la machine et robotise le travail humain, il devient urgent de répondre à cette demande croissante de sens dans le travail. Il ne s'agit pas de plaquer des solutions toutes faites, mais de s'appuyer sur quelques fondamentaux adaptés à la grande variété des métiers et cultures d'entreprise. Il ne s'agit pas non plus de faire ruisseler le sens sur une masse de salariés anonymes, mais de leur fournir les conditions pour qu'ils trouvent l'équilibre et le cheminement qui les relient, qui leur correspondent dans ces métiers et cultures d'entreprise.

Chacun a le droit de contribuer, même modestement, à un intérêt supérieur à travers son travail, voire d'avoir un rêve professionnel. Cette contribution est très claire dans l'esprit des soignantes et des caissières qui ont été applaudies pendant le confinement, mais cela n'est pas réservé à certaines professions. Pour que cette quête ne soit pas « un problème de riche », il est de la responsabilité des dirigeants et des managers de se poser sincèrement la question à eux-mêmes, avant d'en parler avec leurs équipes.

32.

Chaque individu doit pouvoir créer ou rejoindre une entreprise, créatrice de valeurs, dans un monde où la richesse est également définie par son impact humain

Jean-Marc Borello est fondateur et président du directoire du Groupe SOS, premier groupe de l'économie sociale et solidaire en Europe. Il a commencé sa carrière en tant qu'éducateur auprès de jeunes en difficulté, avant de travailler en cabinets ministériels. Il dirige ensuite un groupe de PME avant de se consacrer pleinement au Groupe SOS. Il est l'auteur de plusieurs ouvrages dédiés à l'entreprise sociale.

La première question que nous devrions nous poser est la suivante : qu'est-ce que la réussite ? Pour moi, très clairement, réussir ne doit pas être considéré comme une marche à gravir, ou le point final d'une aventure. Cela ne consiste absolument pas en la conquête d'un nouveau poste, d'un nouveau palier financier ou d'une renommée quelconque. C'est un processus constant de création de richesses.

Car oui, à mes yeux, réussir, c'est créer une richesse. Sur le plan économique, certes, mais également et surtout créer des richesses émotionnelles, sociales. Des richesses humaines.

Dans le monde de l'entreprise, séparer la réussite individuelle de la réussite collective n'a ainsi aucun sens, j'en suis convaincu. La réussite individuelle survient dans l'accomplissement d'un projet, qui sert le collectif en créant des richesses. Et chaque projet réellement utile fédérera d'autres individus, et leur permettra de participer à la création des richesses, et de réussir à leur tour. Le travail n'est pas seulement le moyen d'obtenir un salaire, mais aussi et surtout un lieu d'apprentissage, de rencontres, de formation, en bref un lieu de vie et de création. Il faut donc trouver, et si besoin créer, un environnement de travail propice à la réussite du projet et à l'épanouissement de ses acteurs.

Mon rêve découle naturellement de cette conviction. Je souhaite que chaque individu puisse créer ou rejoindre une entreprise créatrice de valeur, dans un monde où la richesse est également définie par son impact humain.

Cela demandera d'apprendre à mesurer la création de valeurs d'une entreprise. Il faut prendre en compte l'impact qu'elle a sur un individu et son entourage, mais aussi son impact sur la société dans son ensemble, au niveau social, économique et environnemental. À titre d'exemple, le Groupe SOS mesure la richesse créée par le nombre de bénéficiaires atteint et la qualité de ses prestations, et non par son volume d'activité.

Mesurer l'impact humain et environnemental n'a jamais été une chose aisée. Il faut assumer pleinement l'objectif à atteindre, et ainsi accepter et revendiquer d'être parfois à contre-courant. Cela nécessitera de savoir prendre le risque de la nuance, reconnaître que nos fragilités nous permettent de mieux sentir le monde qui nous entoure, nommer précisément les difficultés pour mieux leur faire face et mesurer la réalité de leur impact.

Cela demandera d'accepter et d'encourager la diversité : la variété des origines et des parcours de vie, des formations et des valeurs, la liberté d'exprimer ses différences sont autant de richesses permettant de passer de « mon projet » à « notre projet ».

Cela demandera, forcément, un changement des règles du jeu, et une révision des structures managériales d'aujourd'hui. Hiérarchie, échelle des salaires, propriété, tout est à redéfinir à l'aune des objectifs poursuivis, afin de permettre à toutes et tous de s'approprier le projet et de s'y épanouir. Nous avons décidé, au Groupe SOS, d'être une entreprise sans actionnaire. Nos instances de gouvernance sont élues démocratiquement et le management exécutif est collectif, avec un écart de salaire limité de 1 à 15 pour les 22 000 salariés.

Le rôle du chef évolue au fur et à mesure de la vie de l'entreprise. Il commence par créer, être partout, décider de tout. Ensuite, il devient animateur d'un collectif d'individus, avant de finir par incarner l'entreprise et ses valeurs et par transmettre ce qu'il a découvert, réussites et échecs. Tout l'enjeu est de créer les conditions qui permettront aux autres de créer, animer et incarner à leur tour, pour que le projet initial continue à permettre la réussite en son sein et à évoluer en permanence, au-delà des dirigeantes et dirigeants successifs.

Pour l'avenir : pessimisme de la raison et optimisme de la volonté.

33.

Instaurer un congé paternité obligatoire et allongé pour permettre une égalité professionnelle réelle entre les femmes et les hommes

Julia Clavel est directrice M&A et stratégie du groupe Emeis, et également en charge de la Pologne, de l'Irlande et de l'Angleterre. Le groupe est spécialisé dans le soin et l'accompagnement des personnes fragiles. Elle avait notamment été auparavant conseillère au sein du cabinet du Premier ministre et du président de la République. Elle est aussi membre du conseil d'administration de l'ONG Actives dont l'objectif est de promouvoir des femmes à la tête de grandes entreprises.

Je suis très sensible aux questions liées à l'égalité professionnelle hommes-femmes. D'abord, parce que je suis une femme active de 33 ans et que ce sont des sujets qui me touchent personnellement mais surtout parce que je les ai beaucoup suivis dans ma carrière professionnelle, notamment quand j'étais conseillère à l'Élysée et à Matignon.

Notre société a beaucoup progressé en la matière avec des lois qui ont résolument contribué à viser l'égalité, notamment la loi de 2018 pour la liberté de choisir son avenir professionnel qui soumet les entreprises à une obligation de résultat en matière d'égalité salariale et crée l'index de l'égalité professionnelle ou la loi Rixain de 2021 qui impose des quotas dans les postes de direction des grandes entreprises à l'horizon 2030.

Malgré ces efforts louables, il reste un long chemin à parcourir. Le taux d'activité des femmes est bien plus faible que celui des hommes alors que le taux d'activité réduite est plus fort pour les femmes. Nous avons encore un écart salarial très important, de l'ordre de plus de 14 %. Par ailleurs, nous avons toujours des secteurs très féminisés dans des métiers cruciaux mais moins rémunérateurs. Par exemple, 90 % des aides-soignants sont des femmes. Les femmes sont enfin sous-représentées dans la catégorie des hauts salaires.

Ce sont autant de signaux faibles qui appellent à s'interroger sur ce qui continue de constituer des terreaux d'inégalités. Je crois que la parentalité, avec tout ce qu'elle a de merveilleux, constitue encore un facteur d'inégalité forte entre les femmes et les hommes dans le monde du travail.

Les femmes sont en effet davantage impactées par la parentalité que les hommes. Une femme qui met au monde un enfant sera confrontée à une carrière beaucoup plus hachée. Cette difficulté sera d'autant plus forte que la naissance d'un enfant arrive bien souvent au moment où le potentiel de la femme dans son activité peut être le plus fort. À leur retour, les femmes doivent rattraper leur absence, en plus de continuer de s'occuper de leur nouveau-né. Cela peut par ailleurs demeurer un sujet de discrimination à l'embauche. Pour toutes ces raisons, les femmes peuvent encore être conduites à arbitrer entre leur désir d'enfant et leur carrière professionnelle. En parallèle, les hommes sont de plus en plus en demande de consacrer davantage de temps à leur parentalité.

C'est la raison pour laquelle je poursuis un rêve, celui d'un congé paternité rendu obligatoire mais aussi allongé pour qu'il s'approche du congé maternité, tout en prenant en compte les particularités des situations de chacun, afin non seulement de changer les mentalités mais aussi de s'approcher d'une égalité au travail femmes-hommes quasiment parfaite.

Aujourd'hui, beaucoup de pères ne prennent encore pas le congé de vingt-cinq jours, en particulier lorsqu'ils sont en situation précaire.

Pour mieux répartir la charge que représente la naissance d'un enfant, ce congé de vingt-cinq jours pourrait d'abord être rendu obligatoire, pour en faciliter la prise par les pères et terminer de le faire entrer dans les mœurs. Il pourrait ensuite être allongé, de manière obligatoire ou facultative, à prendre en même temps ou après celui de la mère, rémunéré de la même manière. Pour le père, cela permettra de lui laisser du temps avec son bébé, les études démontrant que la présence du père est aussi très importante pour le développement de l'enfant, et de lui confier une responsabilité équivalente à celle de la mère, ce qui impactera positivement ensuite le partage des tâches une fois que le couple reprend le travail.

Cette mesure peut changer notre société durablement, j'en suis convaincue. L'impact d'une naissance sera en effet réparti plus équitablement entre les deux parents et ne constituera plus un facteur différenciant entre les hommes et les femmes, réduisant ainsi les risques de discrimination, l'impact sur la carrière de la femme et favorisant un égal partage des tâches.

Il est certain que cette mesure aura un impact sur les finances publiques et demandera d'être discutée avec les partenaires sociaux, les entreprises, les assurances, mais ce sera un pas immense pour notre société, d'autant qu'une meilleure intégration des femmes dans le marché du travail sera incontestablement un gain de compétitivité pour notre pays, avec d'importantes retombées économiques directes et indirectes.

34.

L'égalité au cœur de toutes les transitions

Marie Eloy, présidente du réseau d'entraide Femmes des Territoires, du réseau de business Bouge ta Boite et de Bouge ton Groupe pour accompagner les carrières des salariées. Elle fait partie des cinquante influenceurs de la RSE en France.

Je rêve d'une France où chaque personne, quels que soient son origine, son genre ou sa condition sociale, peut s'épanouir pleinement, librement, dans un environnement régénéré, inclusif et en paix. Pour y parvenir, l'étape incontournable est l'égalité femmes-hommes. Quel est le rapport avec l'environnement ? La démocratie ? La paix ? L'inclusion ? Tout.

L'égalité est le fondement de toutes les transitions. Ce n'est pas encore perçu ni compris. Pourtant, les bienfaits de la mixité sur chacun de ces sujets sont prouvés dans de très nombreuses études en France et dans le monde. La transition égalitaire est LA solution pour un avenir durable et le maillon manquant d'une société unie, prospère et juste.

Dans mon rêve, les écoles françaises, véritables socles de notre société, sont soutenues pour que chaque enfant, dès son plus jeune âge, puisse évoluer à son propre rythme dans des environnements où l'égalité, le respect, la communication non violente, la confiance en soi, la diversité, l'environnement et l'adaptabilité sont au cœur des apprentissages. La cour de récréation est un lieu de propositions sportives et ludiques non genrées, le concept du masculin l'emporte sur le féminin a disparu et l'histoire comme les sciences mettent en avant autant de femmes que d'hommes. Tous les enfants pouvant s'identifier dans l'apport à notre société, les biais s'effacent dans les têtes comme dans les parcours.

Dans le monde du travail, les entreprises, grandes et petites, ont achevé une transformation objectivée et nécessaire en faveur de la parité. La sensibilisation massive et les formations ont permis d'éliminer les biais inconscients. Les instances dirigeantes reflètent la diversité de la population et le management est devenu plus horizontal et collaboratif. La RSE guide les choix stratégiques et financiers. Les hommes ont également investi les secteurs de l'éducation et du *care*, depuis que ceux-ci ont été revalorisés financièrement à la hauteur de leur contribution à l'humanité. Comme dans les pays du Nord, un véritable congé deuxième parent, pris ensemble puis chacun séparément, permet d'atteindre une réelle répartition des tâches domestiques et parentales. Recruter et promouvoir un homme ou une femme impliquent désormais une logistique similaire. Il n'y a donc plus de différence.

Dans l'entrepreneuriat, les réseaux féminins ont permis de supprimer l'écart entre femmes et hommes entrepreneurs. Les activités des dirigeantes comptent désormais tout autant pour l'économie française, la transition écologique et la dynamisation des territoires. Dans les collectivités et les administrations, les budgets sont genrés pour s'assurer qu'ils bénéficient équitablement à toutes et tous. Les financements publics ne sont attribués que si l'égalité et l'environnement sont au cœur des projets. Les associations et les initiatives citoyennes fleurissent pour résoudre les enjeux gigantesques face à nous. L'égalité économique a permis aussi de réduire considérablement les violences faites aux femmes et aux enfants.

Dans les médias, les expertes et les interviewés sont paritaires. Les couvertures monogenrées sont exposées dans le hall pour qu'on n'oublie pas les dérives autrefois engendrées par l'absence des femmes. Comme les voix des femmes ont autant de poids que celles des hommes, la vie publique a gagné considérablement en transparence, en mieux vivre ensemble et en union. Elle est évidemment devenue paritaire dans le monde politique, sportif et culturel…

Mon rêve pour la France est ambitieux, mais il est aussi profondément ancré dans une réalité que je sais possible et que j'observe au quotidien en tant qu'entrepreneuse engagée. Notre capacité d'agir est infinie quand elle est portée par la vision d'un futur désirable, par l'engagement, l'espoir et la solidarité. Nous sommes capables de choisir cet autre futur. L'égalité, la mixité, et tout ce qui en découle, ne sont pas des utopies, mais des objectifs atteignables. Comme pour toute transition, celle-ci ne se fera pas à la force du bénévolat. Elle nécessite un plan, des objectifs chiffrés, de la volonté et des financements associés.

C'est ainsi que l'égalité pourra être la locomotive de toutes les autres transitions.

Nous pourrons alors surmonter ensemble les enjeux de notre siècle, les plus grands jamais affrontés par l'humanité et qui nécessitent toute l'intelligence collective. À l'heure où j'écris les lignes de ce rêve, le monde prend le sens inverse, invisibilise les femmes, met le sujet de l'égalité sous le tapis, ne finance pas la mixité, se divise, agite les peurs et ne voit pas à quel point tout est interconnecté.

Mon rêve est un appel à remettre au centre ce qui est essentiel pour l'humanité, à valoriser ce qui fait notre essence, la joie, la solidarité, le courage, l'espoir et à construire le meilleur des mondes possibles pour nos enfants. Ensemble.

35.

Organisons la mixité sociale pour créer un nouveau récit français commun et partagé par tous !

Jade Francine est la cofondatrice et directrice du développement de l'entreprise WeMaintain qui révolutionne depuis 2017 la gestion opérationnelle des bâtiments grâce à une approche centrée sur l'humain et la technologie. Elle a fait ses études à Sciences Po Lille et à l'université de Pékin en droit. Elle est également membre du board *de France Digitale et de la Fondation Palladio.*

Je suis une Française d'origine indienne. Pendant toute une grande partie de ma vie étudiante et professionnelle, j'ai beaucoup voyagé et j'ai appris un simple enseignement : allez là où on ne vous attend pas.

J'ai eu envie de commencer ma carrière en Chine. Là-bas, en cabinet d'avocats d'affaires, j'ai été confrontée à des modèles très inspirants qui m'ont donné envie de me lancer dans l'entrepreneuriat. Nous étions en 2017. Il y avait alors en France un climat très favorable aux entrepreneurs et je me suis dit que si je montais ce business en France, il serait plus facile de l'exporter par la suite. Je suis donc revenue en France avec mon entreprise – WeMaintain –, mes associés, et très vite, nous avons connu le succès parce que notre proposition de valeur répondait aux besoins du secteur immobilier.

Nous avons en effet remis les techniciens de maintenance au centre du jeu, notamment ceux qui interviennent sur les ascenseurs d'immeubles, et cela grâce à la technologie. Ce sont des personnes qui sont souvent peu considérées dans notre société alors que leur expertise a beaucoup de valeur. Nous avons donc tout fait pour les sortir du modèle traditionnel qu'ils avaient toujours connu. Certains profils ont doublé leur salaire grâce à nous ! Surtout, nous leur avons laissé plus de liberté d'appréciation et de temps face à la technicité de certains équipements, cela pour un meilleur service du client.

Ce que nous avons fait avec WeMaintain, nous pouvons le faire avec la société française, j'en suis convaincue. C'est faire se rencontrer des mondes qui ne se parlent pas, avoir une attitude positive sur autrui, l'inclure et identifier chez lui ou elle les ressorts de son intelligence.

Mon rêve est donc celui-ci : organisons mieux la mixité sociale pour nous appuyer sur tous nos talents afin de favoriser la réussite collective de notre pays.

Nous avons en effet, depuis trop longtemps, oublié en France de trouver des occasions de célébrer de grands moments de mixité, à l'exception de quelques rares matchs de football. Peu nombreuses sont les rencontres : nous sommes dans une société où chacun est figé dans sa bulle, sans ouverture sur les autres.

Je crois qu'il y a de multiples autres formes d'union si nous réinventons un narratif national qui nous réunit derrière une vision enthousiaste, une ambition partagée pour le pays, peu importe les partis politiques. Le monde a changé, notre population a vieilli et la France n'est plus le grand pays qu'elle était. Soyons lucides et défions le sort au lieu d'être figés en ayant peur du futur. C'est ainsi et ce n'est pas grave si on décide d'être dans l'action plutôt que dans la théorie, de donner la parole aux jeunes, même aux enfants, de se donner les moyens, pas seulement financiers, de nos ambitions, de valoriser ceux qui font, de créer des occasions communes de vivre ces valeurs.

Il y a une autre urgence dont il faut se saisir : réparer le vivre-ensemble en France. La France est un très beau pays mais nous sommes souvent nos propres ennemis. Nous créons des problèmes là où il n'y en a pas. Le dialogue manque.

Je crois que cela pourrait commencer avec une mesure forte : imposer à nos élus, aux chefs d'entreprise et aux représentants des syndicats un séjour d'observation dans plusieurs pays. Il faut que toutes ces personnes prennent conscience de ce qu'il y a de bon ailleurs, de ce qu'il y a de talentueux chez les autres et de ce que nous devons préserver chez nous. Aujourd'hui, nous avons une vision nombriliste qui nous empêche de regarder à l'extérieur et de nous en inspirer.

Je crois aussi que pour favoriser une nouvelle mixité, il faut davantage forcer le destin en accentuant les politiques de quotas et la discrimination positive pour que les mondes se rencontrent et qu'une intelligence collective émerge.

Bien sûr, cela nécessite des règles. L'exemple de Singapour est frappant bien qu'il soit extrême : une mixité sociale très organisée avec une réelle politique de quotas et des règles très strictes. C'est cette combinaison qui fait que le vivre-ensemble à Singapour est réellement ressenti.

Quand il y a de la diversité, tout le monde y gagne, économiquement, socialement, culturellement. Cela a été prouvé à maintes reprises. Mon message est donc clair et porteur d'espérance : organisons maintenant cette mixité pour bâtir un nouveau récit français !

36.

La réussite par l'intelligence collective

Laurent Garret a débuté sa carrière en 1986 à la banque Indosuez puis a rejoint Manufacturers Hanover Bank à Londres. En 1991, il rejoint Deutsche Bank, puis ABN Amro en 2002, en charge notamment du FIG (Financial Institutions Group) et de la clientèle institutionnelle pour la France, la Belgique et le Luxembourg. C'est en janvier 2016 qu'il est nommé d'abord directeur de la clientèle de la banque privée Neuflize OBC, pour orienter son dynamisme vers les générations à venir et les clients PWM. Il en devient le directeur général en septembre 2017.

Personne ne réussit jamais seul. Un contexte, une histoire, un obstacle, une équipe… nul ne part d'une feuille totalement blanche. La force d'une entreprise, ses actifs pour parler trivialement, ce sont les personnes qui empruntent le même ascenseur tous les matins. Alors parvenir à embarquer des équipes sur des projets, les faire travailler de concert comme un coach sportif, dépasser son intérêt personnel au profit de celui du groupe, enregistrer des succès, goûter la satisfaction qu'en tirent les uns, les autres, se dépasser pour obtenir des résultats : là réside pour moi la vraie réussite. Elle ne vaut que si elle est partagée.

Dans notre monde de plus en plus clivé, le point d'équilibre, selon moi, se trouve dans une meilleure écoute, savoir se mettre à la place de l'autre, être plus curieux. Je le constate au quotidien, ne serait-ce qu'avec mon actionnaire de référence qui est néerlandais[60]. Si les deux parties n'avaient pas pris l'initiative de comprendre nos différences culturelles, notre « mariage » ne pourrait pas fonctionner.

Pour rassembler, la sollicitude est primordiale. Le directeur général que je suis n'a pas la science infuse, personne ne l'a ! À mon échelle j'ai toujours mis en pratique ce principe d'ouverture d'esprit, prêté attention aux autres, aux idées et desiderata de nos salariés, assenti à des changements quand ils étaient nécessaires. Pour ensuite appliquer ce que les Anglo-Saxons appellent le *walk the*

60 Neuflize OBC est une succursale française de la banque néerlandaise ABN Amro.

talk, c'est-à-dire passer de la parole aux actes, répondre et s'engager. À l'instar d'un chef d'orchestre, c'est mon rôle de les mettre en musique. Ce credo, très simple en vérité, incarné à l'échelle de la nation, nous aurait permis d'éviter des crises comme celle des Gilets jaunes.

La vie, c'est la rencontre humaine avant tout. L'alpha et l'oméga d'une société qui fait corps autour de valeurs cardinales. Être sincère, ne pas y déroger, pour veiller à ce que demain nous puissions tous évoluer, travailler et réussir ensemble est un préalable.

Cela commence évidemment par l'école. Indépendamment des matières dites régaliennes, restaurer le respect, le civisme, apprendre le vivre-ensemble constituent le socle d'une richesse collective qui conduira sans nul doute à plus de succès dans la société. À cela j'ajouterai plus de sport ainsi que l'apprentissage de la prise de parole en public qui aideraient nos enfants à mieux se construire.

Nous, dirigeants, avons une obligation morale de nous engager auprès des plus jeunes pour partager notre expérience. Cela contribuerait notamment à combler les immenses lacunes en matière de connaissances économiques et les aiderait à se projeter dans la société. Ce dialogue, amorcé très tôt, nous éviterait la fracture sociale dans laquelle nous sommes actuellement.

Je viens d'un milieu très modeste mais le triptyque travail, intelligence et bien sûr le facteur chance, associé à du bon sens, m'a toujours servi de boussole. La chance se saisit, se provoque. Elle induit la rencontre humaine, à s'en enrichir et à être à l'affût des mains qui vous sont tendues car elles existent toujours.

C'est par l'éducation que nous parviendrons à restaurer une identité française, cette fierté d'appartenir à une grande famille multicolore. Nous avons tellement d'atouts à faire valoir. Le monde entier nous envie nos ingénieurs, nos secteurs de la tech, du luxe, etc. Comment expliquez-vous que nous soyons toujours en queue de peloton, derrière des pays comme l'Uruguay, dans le classement du *World Happiness Report*[61] ? C'est ahurissant.

À plus grande échelle, afin de jeter les bases d'une société plus apaisée et voir éclore cette intelligence collective, nous avons besoin d'un but commun pour la France à l'horizon 2050. Il faut en finir avec le court terme. Nous allons connaître des changements majeurs, liés à l'environnement mais également aux nouvelles technologies, au premier rang desquelles l'intelligence artificielle. C'est un profond changement de paradigme auquel la société doit se préparer, mais certainement pas au jour le jour.

61 Classement annuel sous le patronage des Nations unies : https://worldhappiness.report/

Pour rassembler tous les Français, nous avons besoin d'un cap à atteindre, de voir du ciel bleu, qui n'omette pas de détailler les étapes ni les difficultés qui affleureront forcément. C'est la fondation d'une nation confiante et enthousiaste.

Et répéter à l'envi que réussir collectivement est tellement plus galvanisant !

37.

Remettre les agriculteurs au cœur de la société !

Flora Ghebali a fondé en 2020 le cabinet de conseil en transition écologique et sociale Coalitions. Elle fut auparavant attachée de presse à l'Élysée sous le mandat de François Hollande et a plus de dix ans d'engagement dans le milieu associatif, notamment à travers l'association Les Fourmis. Elle a publié également deux ouvrages : Ma génération va changer le monde *en 2021 et* Le Syndrome de la fourmi *en 2023.*

Nous avons la chance en France de pouvoir compter sur des agriculteurs passionnés qui font de notre pays un modèle souvent pris en exemple dans le monde. Pourtant, ils ne sont pas considérés à leur juste valeur. Ils sont souvent même méprisés par les pouvoirs publics. Alors qu'ils travaillent sans compter pour nous nourrir, ils ne sont pas rémunérés comme ils le devraient.

La détresse qu'ils vivent, celle qu'ils ont fait entendre notamment lors de l'hiver 2024, devrait être un signal d'alarme afin que nous puissions enfin sanctuariser leur place dans notre pays comme les enseignants et les soignants devraient l'être aussi.

Car ils ont une fonction nourricière essentielle à notre avenir et à notre bonne santé. Or, aujourd'hui, nous nous polluons et nous nous intoxiquons presque volontairement. Nous faisons de moins en moins la cuisine, privilégiant l'achat de produits transformés à l'instar de ces plats en barquette que nous achetons à la pause de midi. Aujourd'hui, notre alimentation est une des causes principales des cancers et cela ne va pas en s'arrangeant. Des études prédisent qu'une personne sur deux, de la génération des trentenaires, sera touchée par un cancer.

Cela s'explique notamment parce que nous laissons reposer notre modèle agricole sur uniquement un système d'accaparement des terres et d'extraction des ressources naturelles. Nous utilisons des pesticides ; nous ne tolérons plus de voir des légumes « moches » ; nous voulons des produits homogénéisés. Nous avons perdu en quelque sorte toute connexion avec le vivant et avec le fonctionnement de la chaîne alimentaire en ne s'interrogeant plus sur la provenance des aliments et leur parcours du champ à l'assiette. C'est une crise de sens qui nous frappe et qui, pour moi, peut avoir des conséquences dévastatrices sur notre futur.

Mon rêve est donc de faire de nos agriculteurs les premiers écologistes de France en leur donnant les clés de l'action politique.

Comment ? Par trois leviers essentiels à mon avis.

D'abord, ils doivent prendre la main sur l'éducation à l'alimentation, et ce dès l'école primaire, en donnant à nos enfants des cours de cuisine et d'agriculture. Il est essentiel que nos enfants puissent connaître ce qu'ils vont trouver dans leur assiette. Et je crois qu'en impliquant directement les agriculteurs, on leur permet de retrouver du sens à leur métier, et de les revaloriser. Ensuite, on peut imaginer les élèves s'auto-organiser pour la gestion des menus. Aujourd'hui, on donne dans les cantines à nos enfants des dés de poulet par exemple, composés à 85 % de peaux de poulet. Ce n'est pas acceptable.

Ensuite, il s'agit de redonner vie aux territoires agricoles grâce à une réelle politique d'aménagement du territoire qui revitaliserait nos villages pour remettre sur le devant de la scène nos agriculteurs qui, à leur manière, façonnent nos paysages. Il y a manifestement un exode des urbains vers les campagnes. Il serait donc temps de s'intéresser à celles-ci.

Enfin, refaisons de notre agriculture l'instrument de notre rayonnement dans le monde. Comment peut-on tolérer qu'on importe 40 % de nos fruits et légumes et 50 % de notre viande quand nous avons sur notre sol des producteurs de talent ? Si nous mettons les moyens sur la permaculture, sur l'agriculture biologique, nous serons en mesure à nouveau de renforcer notre image de grande nation agricole, une nation ancrée dans son temps et en phase avec les enjeux écologiques du moment.

Mais il y a un préalable absolument nécessaire avant d'enclencher ces transformations : recréons un langage commun avec les agriculteurs. Je suis persuadée qu'ils ont l'écologie dans leur ADN, qu'ils sont les premiers à se rendre compte des défis climatiques qui nous attendent. Pourtant, ils n'aiment pas ce mot « écologie », car pour eux, ceux qui la font les entraveraient dans leur travail. Il y a un malentendu à effacer. C'est le travail qui doit être mené car nous aurions tout intérêt à nous appuyer sur leur expertise dans la mesure où ils sont bien souvent les premiers à porter des solutions pour se protéger du réchauffement climatique. Il faut donc d'abord recréer un lien de confiance pour qu'ensemble, nous puissions bâtir à nouveau un modèle agricole sain et durable à travers lequel nos agriculteurs pourraient travailler autrement pour vivre mieux.

38.

Refaire nation grâce à l'inclusion économique

Originaire de Bondy et ancien fonctionnaire de l'Éducation nationale, Saïd Hammouche a créé le cabinet Mozaïk RH, leader du recrutement des diplômés de la diversité en 2007. En s'imposant sur le thème de l'égalité de traitement dans les processus de recrutement, il a tissé des liens solides avec de grandes entreprises et les pouvoirs publics. À leurs côtés et pour amplifier son action, il a lancé la Fondation Mozaïk en 2015.

La France est une nation forte, riche de ses perspectives humanistes. Une nation qui, très tôt, a diffusé un discours d'égalité et de justice sociale réunissant des peuples, des destins, des cultures différentes. Aujourd'hui, les jeunes issus de la diversité sociale, culturelle ou territoriale se sentent exclus de cette promesse républicaine. Ils revendiquent ardemment le droit à l'égalité effective. Ils le font car ils se sentent écrasés par les discriminations, en totale contradiction avec ce récit républicain.

Ces jeunes, issus des quartiers ou d'un village isolé, ont en commun des origines sociales pauvres et une absence de réseau professionnel. Ils sont nombreux à avoir jusqu'à un bac + 5 et se heurtent à un mur infranchissable quand il s'agit de trouver un emploi. Dans certains territoires, et j'insiste sur le terme de « territoires » et non banlieues, le taux de chômage reste compris entre 20 et 45 %. Rien d'étonnant alors, qu'après deux à trois ans de vaines recherches, un sentiment d'injustice les saisisse.

Pour autant, je maintiens que cet idéal humaniste existe encore. Moyens financiers, entreprises florissantes, talents disponibles, tout est là pour construire la société juste et inclusive que nous voulons. L'inclusion économique en est le fondement et Mozaïk RH, créé il y a seize ans, son expression. Nous sommes à même d'identifier les besoins des entreprises, de les accompagner et de les bousculer pour aller plus loin dans leurs engagements à recruter des candidats différents. Je vois d'ailleurs émerger une nouvelle génération de managers éveillés, et c'est positif. À l'autre bout du spectre, nous déconstruisons sans relâche la forte autocensure qui inhibe cette jeunesse.

Laquelle nourrit pourtant de grandes ambitions et aspire à l'entrepreneuriat.

Éradiquer les biais cognitifs reste une lutte quotidienne. Lorsque l'organisation des Jeux olympiques de Paris 2024 a voulu constituer le comité exécutif, l'éventualité de recruter des profils issus de la Seine-Saint-Denis ou de la diversité a été écartée au motif qu'ils ne seraient pas en mesure de prendre ces postes à responsabilité... Usons collectivement d'encore plus de pédagogie pour faire reculer les stéréotypes.

Ferraillons contre l'entre-soi et hybridons les compétences. Les exigences en matière de notation extrafinancière abondent dans ce sens, créent de nouvelles opportunités pour ces jeunes de rencontrer des entreprises dites inaccessibles, mais il est urgent d'avancer ensemble, en se faisant mutuellement confiance.

Pour ce faire, il nous faut plus de lieux où faire nation car cela crée des dynamiques heureuses : l'école, l'université, les clubs sportifs, les événements populaires, le théâtre, les associations locales... autant de terrains de rencontre qui se sont malheureusement délités ces dernières années.

Réactualiser notre « logiciel » sans nécessairement le révolutionner passe notamment par un accès plus large à la culture qui porte en elle ce pouvoir fédérateur. Elle n'est pas l'apanage d'une poignée de privilégiés. Des discussions ont déjà été entamées avec l'Opéra de Paris, mais nous pouvons aller encore plus loin en réunissant une centaine d'acteurs de l'industrie créative. Grâce à un état des lieux précis, une cartographie de l'employabilité dans ce secteur pour les jeunes devrait se dessiner.

Les initiatives qui fonctionnent sont légion. L'heure est venue de les développer à l'échelle nationale à l'aide de relais. La plateforme mozaiktalents.com permet déjà de mettre en lien à l'échelle locale, de Brest à Strasbourg en passant par Toulouse, un vivier de talents préqualifiés avec des entreprises.

Le chemin est long, certes. Mais aucun décideur ne m'a jamais dit s'ériger contre l'idée d'intégrer par le travail, au contraire. Reste, pour cimenter notre nation, à démultiplier ces interactions et faire émerger de nouveaux *role models.*

39.

Encourager l'instauration d'un « congé de respiration » et d'engagement au sein des entreprises à l'échelle nationale

Gervais Pellissier est vice-président référent du conseil de surveillance de Wendel, pionnier dans le secteur du capital-investissement. Il avait fait préalablement une grande partie de sa carrière au sein du groupe Orange en ayant été directeur général délégué du groupe, en charge à la fin des ressources humaines et de la transformation.

Nous pouvons aisément constater en France un profond désengagement citoyen qui touche toutes les strates de la société mais surtout en premier lieu les salariés.

La crise du Covid-19 n'en a été que le révélateur mais les signaux sont plus lointains et plus profonds. Il y a ainsi une distance supplémentaire qui a été franchie entre les salariés et le travail, celui-ci n'étant plus considéré comme étant au cœur des préoccupations des actifs. L'accès accru au télétravail a contribué naturellement à ce phénomène.

Ce qui est plus grave encore, c'est que cette distanciation par rapport au travail a, par un effet boule de neige, contaminé tout notre rapport au sens du collectif. Nous avons moins d'égards pour autrui et nous nous replions chacun sur soi.

Il faut donc trouver un nouvel élan pour tendre vers une sécurité sociétale, c'est-à-dire une société où chacun se sent inclus et partie prenante d'un collectif. Je crois qu'il y a des mesures très concrètes qui nous permettraient de prendre ce chemin.

Au sein du groupe Orange, quand j'étais *Chief People Officer*[62], j'avais mis en place un « congé de respiration » pour nos salariés. Cela leur donnait le droit, pendant un an, de quitter l'entreprise, en restant payés à hauteur de 60 %, pour s'engager dans une cause humanitaire, sociétale ou accompagner le développement d'une start-up.

Mon rêve, c'est d'étendre cette mesure à l'ensemble du pays afin de donner envie et de permettre aux salariés qui le souhaitent d'accomplir d'autres tâches que leur métier

62 *ou DRH Groupe, mais je n'ai jamais aimé les mots « ressources » ou « capital » pour parler des salariés d'une entreprise, comme s'ils pouvaient se vendre ou s'acheter ...*

principal, et de mettre leurs talents au profit d'œuvres collectives pour servir la solidarité et la fraternité dans notre pays.

Nous avons tendance à dire que les congés sont des droits, et c'est vrai qu'ils sont nécessaires pour l'équilibre de vie de chacun, mais les congés ou plutôt le droit d'absence totalement ou partiellement rémunérée représentés par cette mesure comportent aussi des obligations, un devoir d'engagement pour le bien commun.

Il y a un premier mérite évident à cela, pour soi-même, celui de s'extraire de son environnement quotidien, de casser d'éventuelles formes de lassitude, pour trouver un nouveau ressourcement et une nouvelle motivation dans son travail.

Le deuxième mérite, c'est bien sûr la notion d'engagement dans un pays qui ne manque pas de bonnes volontés largement exprimées dans de nombreuses causes, mais qui manque de plus en plus de citoyens engagés pour la Cité.

Ce rêve comporte aussi un autre défi : comment mieux organiser dans les entreprises et les organisations publiques le temps de travail au quotidien pour permettre aux salariés de s'engager, soit pour être un aidant familial, soit un sapeur-pompier volontaire, un réserviste des forces de défense et de sécurité, être élu dans la Cité…

Bien sûr, tout cela ne peut se mettre en place au détriment de la compétitivité des entreprises, ni de la satisfaction des clients ou des usagers. Il faudra trouver le bon équilibre en matière de répartition du temps de travail.

L'arrivée massive du télétravail, la prise en compte des travailleurs à temps partiel, sans parler des absences involontaires pour maladie de courte ou de longue durée, nous ont appris dans nos organisations à structurer le travail de façon plus flexible, en utilisant au mieux les outils numériques et collaboratifs. Organiser l'absence possiblement anticipée « pour engagement ou pour respiration » d'une partie des collaborateurs d'une entreprise pourra s'inscrire dans ces transformations qui ne peuvent que renforcer l'attractivité des entreprises.

Je crois que ce congé doit être suffisamment long pour « respirer » (au moins six mois) mais il ne doit probablement pas s'étendre au-delà d'un an, au risque d'une déconnexion totale avec son métier.

Il me semble opportun aussi que ce congé puisse être demandé à partir d'une certaine ancienneté dans l'entreprise en fonction de la démographie, sans doute cinq ans.

Dans un pays où l'on commence à travailler plus tard et où l'on va travailler plus longtemps, alors que le rapport au travail est en complet bouleversement, notamment chez les plus jeunes, il est donc nécessaire d'imaginer ces moments de respiration au service des autres et de l'intérêt général pour créer un sursaut de motivation. Et si nous voulons tendre vers une société plus solidaire et faire du *Bien Commun* l'affaire du plus grand nombre il faut créer les conditions de l'altruisme. C'est le sens d'une telle mesure.

40.

Recréons en France la force du collectif pour construire une nouvelle paix sociale

Nicolas Rousselet a pris la tête du groupe familial du même nom en 2001 et a conduit la transformation et la diversification de l'entreprise pour en faire un leader des services de la vie quotidienne dans les métropoles. Le groupe est constitué de dix filiales, dont les taxis G7, réparties en trois pôles : la mobilité, le stockage et les services support.

Le Groupe Rousselet, que je dirige, est pour moi l'exemple même de l'incarnation du sens du collectif. Il est composé de 1 000 équipiers et anime un réseau de 15 000 entrepreneurs indépendants dont les 14 000 chauffeurs de taxis G7.

Les taxis G7 s'appuient sur des milliers de réussites individuelles, celles de nos chauffeurs. Et chacune se forge dans notre collectif. Car c'est bien la puissance du collectif qui nous a donné l'élan pour lutter face aux géants américains des VTC (véhicules de transport avec chauffeur). Ces nouveaux entrants dans le marché des taxis nous ont en réalité rendus plus forts. Nous avons compris, grâce à eux, que nos victoires ne pourraient se faire qu'ensemble : nous étions des milliers d'entrepreneurs indépendants et, sans perdre cet ADN, nous avons décidé de devenir une grande famille, soudée pour faire face aux difficultés et construire nos succès.

Je me souviendrai toujours de l'instant précis où cette transformation s'est concrétisée. J'avais réuni des milliers de chauffeurs au Zénith à Paris pour leur annoncer que nous allions nous battre face aux VTC et que jamais nous ne choisirions de reproduire leur modèle, que nous garderions nos valeurs et notre identité. J'ai vu et ressenti à ce moment-là la puissance du collectif : des tonnerres d'applaudissements, une ferveur extraordinaire ! C'était il y a huit ans, c'était le moment fondateur pour la famille G7 telle que je la connais aujourd'hui.

Mais pour construire ce collectif, la volonté est nécessaire mais pas suffisante. Il faut clarifier un certain nombre d'éléments : d'abord, identifier qui peut, en son sein, être leader en incarnant un destin commun. Puis, faire l'inventaire, en toute transparence, de nos forces et de nos faiblesses. Enfin, partager toutes les informations pour coconstruire notre avenir ensemble.

Dans mon management, j'ai précisément mis en place cette stratégie sans jamais rien imposer, simplement en utilisant l'effet de *nudge* que les Américains ont bien compris, et que nous pourrions appeler chez nous le « coup de pouce ». Il s'agit d'impulser pour créer une dynamique qui est en fait entretenue par tous ceux qui font le collectif. Ainsi, si le dirigeant crée la dynamique, ce n'est pas à lui qu'elle appartient mais bien à tous ceux qui la font vivre. Et c'est comme cela que l'on agrège au sein d'un collectif fort et soudé les talents individuels.

Je suis convaincu qu'il est possible de dupliquer ce modèle à l'échelle nationale et ainsi recréer en France une force du collectif en réparant les injustices qui nourrissent l'individualisme et le repli sur soi.

Nous vivons en effet dans une société fragmentée. D'ailleurs, Jérôme Fourquet l'a très bien décrit en évoquant l'*archipélisation* de la France.

Pour inverser cette tendance, il faut que nos leaders trouvent le carburant commun à tous pour que notre société se reforme et fonctionne à nouveau. Il ne s'agit pas de renverser la table, au risque de la briser, ni de proposer de grandes révolutions. Il s'agit, en douceur, de nous réorienter tous ensemble en prenant une même direction.

Pour ce faire, il faut d'abord réaffirmer l'importance du contrat social en renforçant notre arsenal sécuritaire et juridique. Il faut ensuite mieux répartir les efforts sur tout le monde, remettre la méritocratie au centre du jeu, et bâtir une réelle égalité de traitement entre tous nos concitoyens. Ces derniers peuvent comprendre qu'il y ait des différences d'un milieu à un autre, mais il ne faut pas que le fossé soit béant. Or, il l'est à ce jour. Il suffit de constater les difficultés d'accès à la santé, au numérique, aux transports dans de nombreux territoires.

Pourtant, le *French Dream*, il existe. J'en suis convaincu. Le succès des Jeux Olympiques montre que notre « petit pays » peut faire de grandes choses. Parler d'excellence à la française correspond à une réalité. Nous l'avons montré au monde entier lors de ces Jeux.

Par ailleurs, si notre pays est choisi par des milliers d'étrangers chaque année, c'est qu'il fait rêver. On migre en France car notre pays est désirable. Tout simplement parce que nous avons en France un écosystème qui favorise la réussite individuelle : nos grandes écoles et universités, notre recherche, nos grands groupes industriels…

Mais aujourd'hui, nous devons plus que jamais permettre à ces réussites individuelles de s'intégrer dans un projet et dans un récit collectif. Sans ce projet, sans ce récit, nous ne sommes plus une communauté et notre démocratie, que nous devons renforcer et chérir au quotidien, peut finir par périr sans même que nous le remarquions. Tout peut alors basculer très vite dans une ère bien plus sombre, ce que souligne avec beaucoup de lucidité l'historien américain Timothy Snyder.

Il y a donc urgence à recréer du collectif pour protéger cet écosystème. Nous y arriverons en corrigeant quelques injustices criantes et en demeurant dans l'écoute et dans le partage, sans mépris de classe. C'est ainsi qu'on renforcera le bien vivre ensemble.

41.

Construire une société où la possibilité de réussite des femmes serait équivalente à celle des hommes

Marlène Schiappa est associée du cabinet Tilder et présidente de l'ONG Actives qui se bat pour promouvoir les femmes à la tête des entreprises du CAC 40. Elle est conseillère régionale d'Île-de-France et a été secrétaire d'État chargée de l'égalité femmes-hommes, ministre déléguée en charge de la Citoyenneté et secrétaire d'État chargée de l'Économie sociale et solidaire et de la Vie associative. Elle est l'auteure de nombreux romans et essais.

Le combat de ma vie est celui de la place des femmes dans la société. J'ai écrit des dizaines de livres sur le sujet, proposé trente-sept lois pour faire avancer leurs droits. Je suis également la mère de deux filles, de 17 et 12 ans, et je souhaite, pour leur avenir, que la société ait, entre-temps, fait des pas de géant pour que les femmes puissent réussir autant que les hommes.

Toute ma vie, j'ai constaté à quel point les femmes étaient souvent méprisées. Dans les médias, quand elles interviennent, on les juge sur leur apparence. On les désigne non compétentes parce qu'elles sont des femmes. Un homme, parce qu'il a une cravate, est dans l'immédiat considéré comme un expert.

Je veux mettre fin à ce double standard selon lequel un homme bénéficie d'une présomption de compétence quand une femme est victime d'une présomption d'incompétence.

J'ai aussi embrassé cette cause parce que j'ai été moi-même victime à de nombreuses reprises de ce sexisme qui se niche dans les moindres recoins de notre société. Des personnalités qui ont pignon sur rue déclarent, sans aucune honte, que ma parole ne vaut pas un clou parce que j'ai osé apparaître dans le magazine *Playboy*. J'ai été moquée à de nombreuses reprises, lorsque j'étais ministre, en raison de mon look et de ma qualité de femme.

Mais j'ai su faire de ces coups bas une force. À chaque attaque, je trouvais le moyen de la retourner en ma faveur. Je le faisais non sans humour et cela a marqué des points.

Mais n'en demeure pas moins qu'il y a une forme de tapis déroulé à ce sexisme ambiant sans que le sujet ne soit vraiment pris au sérieux.

Ajoutons à cela les chiffres qui sont effrayants : il n'y a que trois femmes dirigeantes d'une entreprise du CAC 40. Et selon le World Economic Forum, il faudra attendre l'année 2134 pour qu'une parité totale soit atteinte : autant dire une éternité !

Il reste aussi de nombreux grands postes en France qui n'ont jamais été occupés par une femme : la présidence de la République naturellement mais aussi la présidence du Conseil constitutionnel ou encore celle du Sénat…

Je rêve donc d'une société où la réussite des femmes est enfin rendue possible.

Cela veut dire une société où les freins sont levés. Ce sont enfin des modes de garde accessibles, davantage de places en crèche. C'est une société sans sexisme.

Pour cela, je crois qu'il faut davantage valoriser les femmes qui réussissent et pousser celles qui ont de l'appréhension à se lancer. C'est ce à quoi je m'emploie au sein du cabinet Tilder. À ce titre, j'ai récemment créé l'ONG Actives dont un des objectifs est de proposer le Next Women 40, à savoir une liste de quarante femmes capables de prendre les rênes des plus grandes entreprises françaises cotées.

La politique des quotas est, par ailleurs, inévitable pour faire bouger les lignes. Je crois que c'est un mal nécessaire, parce que oui, il y a sûrement une dimension vexatoire quand on est nommée à un poste parce qu'on est une femme mais c'est tout de même mieux que de ne pas être nommée du tout.

Dès l'école, nous devons faire en sorte que les jeunes filles ne jouent pas qu'à des jeux « sages » mais aient accès aux mêmes jeux, de ballon par exemple, que les garçons. Cela encouragera leur prise de risque plus tard. Il a été par exemple noté que dans des fonds d'investissement, les comportements étaient radicalement différents entre les hommes et les femmes. Les premiers prennent plus de risques quand les secondes épargnent davantage. Il y a là un héritage des comportements des cours de récréation.

Je pense aussi à la théorie des pots de yaourt qu'a exposée l'auteure Titiou Lecoq. Celle-ci explique qu'un homme fera généralement plus d'achats pour son plaisir alors que la femme pensera davantage aux courses pour le foyer. Ainsi, quand le couple se brise, il reste la jolie voiture pour le mari et les pots de yaourt vides pour la femme. Je souhaite que cette vision des choses change et s'équilibre.

Je suis consciente du chemin qu'il reste à faire mais je veux regarder la situation avec beaucoup d'optimisme. Les jeunes générations sont beaucoup plus sensibilisées à l'égalité femmes-hommes. Nous avons aussi des hommes brillants qui sont à nos côtés pour interroger et changer leurs regards sur la place des femmes dans notre pays. Je pense notamment à ceux qui forment le Cercle des Alliés auprès d'Actives. C'est la voie qu'il faut prendre pour que tout change.

42.

Créer un « incubateur de l'engagement citoyen », pour réunir et soutenir celles et ceux qui agissent au service du bien commun

Alice Zagury est une entrepreneuse française, cofondatrice de l'entreprise The Family, qui a accompagné la création et le développement de centaines d'entreprises technologiques innovantes depuis 2013 en Europe. Elle est diplômée de l'EM Lyon. En 2020, elle participe à la création du Collège citoyen de France, une association qui accompagne des gens engagés sur le terrain à entrer en politique.

Il faudrait être fou pour se lancer en politique, n'est-ce pas ? Qui souhaiterait que les moindres faits et gestes de sa vie soient disséqués ? Qui voudrait que des centaines de commentaires haineux s'acharnent sur chacune de ses décisions ? Qui accepterait une pression monumentale sur soi et sur ses proches ?

Un esprit rationnel fait vite le calcul. Malheureusement, c'est pourquoi de nombreux profils incompétents, éloignés du terrain ou démesurément imbus de leur personne, finissent par représenter les concitoyens.

Alors, comment inciter plus de gens sincèrement soucieux du bien-être des autres à s'engager en politique ? À ce niveau, les compétences et les convictions personnelles ne suffisent plus. Tels des athlètes de haut niveau, celles et ceux qui pourraient se lancer en politique ont besoin d'un entourage particulièrement stable et du soutien infaillible de leurs pairs.

Les acteurs au service du bien commun, ceux qui sont engagés dans des causes essentielles à tous – de santé, de justice, d'éducation, d'insertion, de production alimentaire, de protection de l'environnement, etc. Ces citoyens-là n'ont pas vraiment d'environnement politique, c'est-à-dire qu'ils n'ont pas un entourage significatif de gens engagés dans divers domaines publics, localement influents, qui les soutiennent.

Au contraire, ils bataillent de manière plus ou moins isolée, chacun sur leur territoire, loin des groupes de parole et des rassemblements conviviaux. Ils ne sont pas sortis d'école pour servir directement dans des cabinets ministériels ni des conseils d'administration. Ils n'ont pas non plus nécessairement adhéré à un parti politique, ni joué les courtisans pour assurer leur place.

Pourtant, ils ont exactement ce dont un gouvernement a besoin pour prendre de bonnes décisions : l'expérience de la confrontation au réel. Les rencontres ont façonné leurs idées, leur intuition s'est affûtée au fil des résultats. L'expérience longue au service des citoyens est une garantie de l'intérêt pour la chose publique – la *res publica*.

Les ingénieurs, les managers, les hauts fonctionnaires… Tous ont leurs « grandes écoles », avec ce que cela suppose, en France : un réseau puissant, une reconnaissance sociale forte, la garantie de trouver de l'appui. Les grandes écoles agissent comme un label qui rassure, qui apporte d'emblée une confiance. Elles simplifient drastiquement la prise de contact. Et cela n'a rien d'anecdotique dans un moment où la peur de l'autre et l'entre-soi glacent les moindres interactions. Or, plus l'on se parle, plus l'on s'écoute et plus on ose faire appel aux uns et aux autres pour avancer et construire des projets ensemble.

Faire entrer en politique des acteurs de terrain, des gens qui ont une expérience solide… telle est la mission de l'incubateur politique dont je rêve pour notre société.

Les participants viendront pour étoffer leur engagement politique, acquérir de nouvelles compétences et rencontrer des pairs. En choisissant comme critère principal l'action avérée, réelle, on évite une sélection sur la base des diplômes ou l'appartenance à un parti politique : on s'affranchit d'une certaine homogénéité sociale et du copinage.

Pour faire face à l'« extrémisation » de la politique et des discours haineux qui se sont démultipliés depuis le Covid, il est urgent de travailler au dialogue. Cet incubateur sélectionne des gens de tous bords politiques, excepté les extrêmes.

Ces dernières années, les partis extrêmes ont pris de l'avance en créant leurs propres écoles.

Organisons-nous pour contrer ces mouvements, donnons de l'élan aux citoyens qui font vivre les valeurs de la République française : liberté, égalité, fraternité.

Cet incubateur contribue à renouveler la classe politique. Mon rêve pour la France, c'est que ce type d'initiative, comme le Collège citoyen de France, se pérennise, grandisse et change positivement le regard que nous portons sur la politique.

SE SENTIR EN SÉCURITÉ ET RENDRE LA JUSTICE EFFICACE ET ACCESSIBLE À TOUS

43.

Réconcilier les Français avec leur système judiciaire

Depuis dix ans, Béatrice Brugère est secrétaire générale du syndicat Unité Magistrats et magistrate pénaliste. Convaincue de la nécessité de repenser le système judiciaire, elle a écrit Justice : la colère qui monte. Plaidoyer pour une refondation *(L'Observatoire, 2024).*

Je ne me trouvais pas au départ sur un chemin qui menait au droit. Étudiante lyonnaise en lettres classiques, puis en histoire et en sciences politiques, c'est en déambulant quai du Rhône que j'ai été saisie par la force architecturale de la cour d'appel. Ce qui m'a le plus frappée, ce sont les colonnes corinthiennes de la façade, dont l'imposante droiture assoit l'autorité et la solennité du lieu. Un jour, je me suis décidée à y entrer pour assister à des procès d'assises, où se jouent au quotidien des tragédies grecques et où la parole est reine. Cela m'a convaincue de devenir magistrate. J'ai alors intégré les classes préparatoires de Sciences-Po Paris, avant de passer le concours de l'École nationale de la magistrature.

En 2016, après un parcours passionnant de pénaliste, je suis devenue secrétaire générale d'Unité Magistrats. Ce syndicat réformiste ressemble davantage à un laboratoire d'idées innovantes qu'à un organisme défendant des idées corporatistes ou politiques. J'ai tout de suite aimé le recul procuré par le métier de syndicaliste. Unité Magistrats est régulièrement auditionné au Parlement, ce qui m'aide notamment à comprendre la fabrique des lois. Mon regard s'est enrichi et ma conviction qu'il faut, en France, refonder le système judiciaire pour renouer le lien avec les justiciables s'est renforcée.

Ainsi, afin de retrouver sa légitimité, la justice doit, selon moi, être fidèle à ses promesses : garantir la paix sociale, appliquer la loi équitablement et protéger les plus « faibles » (mineurs, enfants, personnes âgées et/ou en situation de handicap). Or, au vu de sa difficulté à les tenir, beaucoup de Français la jugent inaccessible, lente et complexe. C'est problématique puisque j'estime qu'elle appartient d'abord aux citoyens, non aux professionnels du droit qui se doivent de répondre à leurs attentes. Si aujourd'hui la société va de plus en plus vite, on déplore l'inverse pour la justice, alors même que le besoin des Français en la matière est grandissant. Résultat, certains, exaspérés, en viennent à préférer que n'importe quelle décision soit rendue (même défavorable) plutôt que d'attendre indéfiniment ! Ces délais interminables ne sont pas sans conséquences. Une entreprise peut faire faillite, un drame peut arriver à un mineur insuffisamment protégé, un délinquant ayant un sentiment d'impunité peut être incité à commettre des délits plus graves. C'est également la prime aux mauvais payeurs…

Alors, pourquoi tant de lenteur et d'inefficacité ? L'explication est à chercher selon moi du côté de l'inflation normative et de la technobureaucratie, qui alourdissent les procédures et complexifient un système désormais obsolète. Sans management. Aussi, je rêve souvent d'un réformateur de la trempe de Napoléon, qui posséderait une vision stratégique pour les cent ans à venir et simplifierait les normes ! Nous devons faire une pause législative et revenir aux fondations. En France, nous réformons beaucoup et avançons peu. En effet, plus on édicte de lois, plus la charge de travail des magistrats augmente, plus il faut en embaucher.

Par ailleurs, je propose que nous nous inspirions des pays anglo-saxons qui ont recours à la médiation judiciaire en ce qui concerne les procédures civiles. Faire de même en France au civil (représentant 60 % de l'activité judiciaire) déchargerait les juges d'affaires dites « courantes », mais importantes pour les justiciables. Cela aurait le mérite d'humaniser la justice en remettant à l'honneur le rôle de conciliateur des juges. De plus, pour les justiciables, les procédures à l'amiable sont le gage d'être mieux entendus. Enfin, solliciter un juge en dernier recours redonnerait sa rareté à la décision de justice et, dès lors, sa valeur. L'actuel garde des Sceaux, Éric Dupond-Moretti, a déclaré être favorable à la conciliation lors d'un colloque à la cour d'appel de Paris le 17 octobre 2023. Plusieurs dispositifs ont été mis en place en ce sens, et nous veillerons, avec mon syndicat, à ce que ce soit une vraie révolution de nos pratiques au service de l'intérêt des citoyens.

Toutes les sociétés humaines se sont construites sur la notion du juste et de l'injuste. La justice est un moteur puissant pour les individus, qui peuvent sacrifier leur vie pour une cause. Elle doit donc redevenir une valeur sacrée. Un bien commun.

44.

Mettre fin au sentiment d'insécurité qu'éprouvent les femmes dans l'espace public

Assia Benziane est maire adjointe aux Droits des femmes, à l'Égalité et aux Relations internationales à Fontenay-sous-Bois. Elle est l'élue référente aux Droits des femmes à l'Association des maires d'Île-de-France et siégeait au Conseil consultatif du G7 pour l'Égalité entre les femmes et les hommes ainsi qu'au Haut Conseil à l'Égalité entre les femmes et les hommes.

Algérienne de naissance, je suis arrivée en France, à Fontenay-sous-Bois, au début des années 1990, cette sinistre décennie noire qui a fait tant de victimes dans mon pays.

Mais c'est un autre drame violent qui bouscule tous mes repères. À 14 ans, je perds ma cousine, Sohane Benziane, brûlée vive dans la cité Balzac à Vitry-sur-Seine. C'est une épreuve terrible pour moi, mon entourage, et cela provoque un vif émoi dans la société française. C'est d'ailleurs la première fois qu'un crime sexiste est reconnu par la justice.

À partir de là, ma vie s'est accélérée. J'ai tout de suite senti le besoin de me rendre utile, de militer et de m'engager en tant que bénévole dans des associations de solidarité. J'ai voulu aider, y compris en Algérie, où j'ai créé avec ma mère des écoles pour accompagner les femmes analphabètes.

Ce militantisme s'est enrichi ensuite à travers un engagement politique puisque je suis devenue à 19 ans la plus jeune élue locale de France. Je suis en train de terminer mon troisième mandat avec toujours un même combat qui me guide, celui des droits des femmes, un combat que je poursuis donc depuis la disparition de Sohane.

Je vois bien que des progrès ont été faits sous l'action de différents gouvernements mais cela ne suffit toujours pas et je ne veux pas que mon engagement comme celui de très nombreux et très nombreuses bénévoles n'aient servi à rien. J'ai un seul rêve que j'espère pouvoir toucher du doigt un jour, celui de savoir que les femmes ne sont plus traversées par un sentiment d'insécurité quand elles se déplacent.

Je crois en effet qu'il y a un travail immense à mener pour sécuriser véritablement l'espace public. Aujourd'hui, beaucoup de femmes évitent certains endroits, en contournent d'autres pour aller sur le lieu de leur destination, que ce soit une gare, un service public, leur domicile ou encore un commerce. Elles ont peur et c'est normal. Nous devons donc encourager les marches exploratoires, ces parcours identifiés et sécurisés par les pouvoirs publics, pour qu'elles puissent se déplacer en toute tranquillité, et ce à toute heure du jour comme de la nuit.

Il y a aussi tout un aménagement urbain à repenser pour qu'il soit le plus accessible possible aux femmes. Je pense par exemple aux espaces sportifs installés dans nos villes. Ils sont bien souvent construits pour n'attirer que des hommes. Nous avons besoin de mixité. Là où il y a de la mixité, il y aura un sentiment de sécurité. Les quartiers populaires, créés dans les années 1960 et 1970, ont été faits par et pour les hommes. Nous devons les réinventer pour un futur apaisé pour les femmes.

Je crois aussi beaucoup à la féminisation de l'espace public. Quand on donne des noms de rues, des noms de jardins, des noms de places à des femmes, on fait en réalité de l'éducation. On incite par cette occasion à se rendre compte de leur place dans notre société. On ne les invisibilise plus et on fait en sorte qu'elles soient mieux respectées. L'éducation à la place de la femme et l'éducation aux droits des femmes sont à mon avis les grands sujets de demain.

Mais pour mener à bien de telles actions, nous avons besoin de l'impulsion des pouvoirs publics, quels qu'ils soient. Et c'est en ce sens que je me bats depuis des années pour qu'il y ait au moins une délégation aux droits des femmes dans toutes les villes et tous les villages de France. C'est une nécessité absolue pour enclencher la dynamique et rendre ce rêve tangible. J'ai d'ailleurs impulsé la création d'un livre blanc au sein de l'Association des maires d'Île-de-France afin que les élus locaux de la région francilienne s'emparent un peu plus de ce sujet.

Dernier point et non des moindres : tout cela ne peut être réaliste qu'à la seule condition que la justice soit réellement efficace. Les femmes sont harcelées dans les transports en commun, voire agressées dans les pires situations. Si la justice n'agit pas, il ne sert alors à rien d'imaginer que les femmes pourront se sentir en sécurité dans notre pays. On peut faire les lois qu'on veut, on peut mieux former la police et la gendarmerie, on peut sensibiliser la population, rien ne changera si la justice continue d'être laxiste. Les peines doivent être appliquées strictement. Tout part de là.

Non, les violences sexistes et sexuelles ne sont définitivement pas un sujet d'ordre privé ou intime, c'est un sujet de société qui doit tous nous concerner. C'est le combat de ma vie, et je ferai tout pour que ce rêve se réalise.

45.

Faire de la sécurité privée le troisième pilier sécuritaire du pays après la police et la gendarmerie

Pierre Brajeux est le fondateur et le président-directeur général de Torann-France, l'un des groupes leaders en France sur le marché de la sécurité privée, spécialisé dans la protection et la sécurisation des hommes et des biens. Il est également président de la Fédération française de la sécurité privée. Il a été aussi président du Medef Hauts-de-Seine et vice-président du Medef Île-de-France entre 2014 et 2020.

Vivons-nous dans une société où la sécurité se délite ? La réponse est complexe à apporter mais il est aisé de constater tout de même que la violence est sous nos yeux quasiment quotidiennement. Les menaces sont multiformes : délinquance, trafic de stupéfiants, terrorisme, cybercriminalité, émeutes urbaines… Il n'y a pas un jour avec une tranquillité totale en France.

Or, pour apporter davantage de sécurité dans notre pays, il faut penser au rôle que doit jouer la sécurité privée. À quel niveau, à quelle intensité et avec quels moyens ?

Le débat sur sa transformation est inévitable et il doit concerner un maximum de nos concitoyens. On doit donc porter ce débat au plus haut niveau politique.

Le monde de la sécurité privée fait en effet face à de grandes mutations, économiques notamment. Il est pour moi indispensable d'affirmer que la sécurité privée est un secteur économique à part entière.

Il faut dans le même temps imaginer la montée en gamme de nos métiers. Nous devons, dans cet esprit, réorienter la sécurité privée vers la surveillance humaine en remettant l'humain au cœur de l'organisation managériale, développer les compétences de nos collaborateurs en s'appuyant sur la formation. Nous devons également continuer à agir collectivement pour valoriser les missions et le rôle de nos agents afin d'accroître l'attractivité de nos métiers.

La deuxième mutation est technologique. Nous allons tout droit vers une sécurité privée 4.0 impactée avec beaucoup de force par l'intelligence artificielle (IA). Nous devons donc nous appuyer sur une complémentarité entre les outils technologiques et l'humain pour proposer des solutions efficaces à nos clients et partenaires, d'autant plus à l'heure où les cybermenaces frappent désormais n'importe quelle entreprise ou administration, peu importe leur taille. Il faut donc bâtir un nouveau continuum de moyens.

Les dernières mutations sont enfin sociétales et c'est là où s'inscrit la réflexion que nous devons avoir sur le rôle de la sécurité privée dans la protection de nos concitoyens. Cela suppose de réfléchir aux nouvelles frontières entre forces publiques de sécurité et forces de sécurité privée.

Je constate que l'État n'a plus les moyens de tout faire en matière de sécurité, et que les entreprises de sécurité privée sont un atout de taille pour soulager nos forces de police et de gendarmerie afin qu'elles se concentrent uniquement sur le haut du spectre : le terrorisme bien sûr, mais aussi le trafic de drogue, la grande criminalité. Pour le reste, je suis convaincu que nous irons vers une véritable délégation de service public afin que l'écosystème de la sécurité privée prenne en charge les autres missions de protection.

C'est le sens du rêve que je formule aujourd'hui en militant pour qu'il y ait dans une prochaine loi sur la sécurité de notre pays un véritable volet sur la sécurité privée lui procurant un cadre d'intervention tout en renforçant l'interconnexion avec le secteur public de la sécurité. Dans le même temps, le secteur doit davantage être réglementé, voire s'autoréguler, pour éviter que la sécurité ne devienne une « jungle » dans notre pays.

En ce sens, il est pour moi évident qu'il devrait y avoir à Beauvau un conseiller sécurité privée auprès du ministre de l'Intérieur. Aujourd'hui, la sécurité privée représente en effet un effectif d'environ 180 000 personnes quand la police représente 140 000 fonctionnaires et la gendarmerie 100 000 militaires. Et il y aura inévitablement un jour où la sécurité privée sera plus forte en effectif que les forces de police et de gendarmerie réunies.

Le moment est donc venu pour les pouvoirs publics de considérer la sécurité privée comme un véritable pilier de la tranquillité publique. Les récents Jeux olympiques de Paris nous ont d'ailleurs prouvé que la sécurité privée était indispensable au bon déroulement d'une telle organisation.

Les femmes et les hommes qui composent la sécurité privée sont en effet des détecteurs efficaces d'anomalies. Ils sont donc d'un réel secours pour les forces de l'ordre en jouant le rôle de signaux d'alarme et peuvent, en dernier recours, intervenir pour faire régner l'ordre.

Penser l'alliance des forces de sécurité du privé et du public et développer le mix humain/technologique dans l'approche sécuritaire du pays doivent être nos deux combats à mener pour lutter efficacement contre l'insécurité galopante en France.

46.

La justice doit regagner le respect de tous afin de garantir le bon fonctionnement démocratique de notre pays

Magistrat honoraire, fonction qu'il a exercée avec passion, Laurent Marcadier a fondé, en 2022, Alma Conseils et Stratégies, une société de conseil en intelligence économique et dans la lutte contre la contrefaçon. Il est également Senior Advisor *au sein du groupe Tilder sur des sujets de communication judiciaire.*

Porté par un idéal de justice, j'ai prêté serment comme magistrat en 1995. Je quitterais néanmoins ce qui était une vocation en 2022, avec un goût amer au regard d'une institution épuisée, incapable de se réformer… Aussi, je pense disposer aujourd'hui d'une vision assez complète du corps judiciaire puisque, de 1997 à 2000, j'ai exercé la fonction de substitut du procureur auprès du procureur général de la cour d'appel de Paris dans le domaine de la délinquance générale. J'ai ensuite rejoint le parquet de Créteil, dans une section en charge des affaires de trafic de stupéfiants, avant d'occuper, dès 2004, la fonction de secrétaire général du tribunal de grande instance de Paris, puis de la cour d'appel de Paris. Après un passage de quatre ans au ministère de la Justice, puis de nouveau un temps à la cour d'appel de Paris, la boucle était bouclée !

Durant toutes ces années, j'ai vu un système judiciaire en souffrance. Devenu archaïque, celui-ci s'est refermé sur lui-même et ses certitudes. Ce qu'illustre une opinion publique française sévère à son égard. Les Français jugent leur justice inefficace, lointaine, inintelligible et trop longue. Il n'y a qu'à voir les délais interminables des contentieux du travail ou des procédures familiales. Notre justice n'arrive plus à jouer son rôle de régulatrice des conflits, alors que ces derniers se sont multipliés à mesure que la société s'est judiciarisée. Voilà pourquoi il est impératif qu'elle retrouve sa respectabilité et sa place, essentielle à notre démocratie.

Comment en est-on arrivés là ? À mes yeux, les causes sont multiples, mais deux d'entre elles me paraissent importantes. Tout d'abord, un appauvrissement avancé de l'institution judiciaire. Il faudrait davantage de moyens humains et matériels, et ce à tous les niveaux. Certains Français ont ainsi découvert, stupéfaits, à l'occasion de protestations du monde judiciaire, les besoins qu'il pouvait y avoir dans les tribunaux de fournitures aussi basiques que du matériel informatique et même du papier ! Cette institution, paupérisée, donne aux justiciables potentiels que nous sommes tous une image dégradée.

Si les gardes des Sceaux successifs sont parvenus à faire augmenter le budget de la justice, sur le terrain, personne n'en constate cependant les effets. Sans doute parce que l'administration pénitentiaire « dévore » l'essentiel des augmentations obtenues. À l'inverse, la protection judiciaire de la jeunesse est, par exemple, en très grande difficulté. Nous devons donc faire mieux.

D'autant que, lorsque l'on compare les moyens consacrés par les États européens à leur justice, notre pays se classe parmi les pires élèves. Toujours loin derrière l'Allemagne, la Suisse, le Royaume-Uni, l'Espagne ou l'Italie. Afin de remédier à cela, nos politiques devraient voter un plan quinquennal à la hauteur des enjeux. Et rationaliser également la carte judiciaire en veillant à ce qu'il y ait une cour d'appel par région et un tribunal judiciaire par département. Cela permettrait de générer des économies et de rendre plus lisible « l'offre » de justice.

Le deuxième point essentiel concerne la nécessaire dépolitisation de la magistrature française. Il faut rappeler que les magistrats ont un devoir d'impartialité et une obligation de réserve qu'ils trahissent, selon moi, quand ils s'exposent dans les médias pour appeler, même sous une étiquette syndicale, à voter pour un candidat à l'occasion des élections présidentielles, voire lorsqu'ils revendiquent leur participation aux cortèges contre la réforme des retraites d'Emmanuel Macron ou « les violences policières et le racisme systémique ».

Retrouver l'impartialité inhérente à la fonction de magistrat est fondamental pour que la justice regagne de la crédibilité auprès de l'opinion publique. Au Royaume-Uni, notamment, les magistrats sont attachés à cette neutralité et personne n'imaginerait s'attaquer à eux. En France, à trop tomber dans l'arène politique, il ne faut pas s'étonner de prendre des coups…

Notre institution est à bout de souffle. Isolée, décriée, c'est la démocratie entière qui est affaiblie. Quand les citoyens n'ont plus confiance en leur justice, censée assurer leur égalité devant la loi et garantir leurs libertés fondamentales, c'est tout le pacte républicain qui est rompu. Réagissons !

47.

Notre système judiciaire doit envisager les délits sous l'angle de la prévention et de la justice restaurative afin d'en limiter les cas et désengorger les tribunaux

Marie-Aude Mazetier est avocate fiscaliste et magistrate à titre temporaire depuis près de dix ans, dans un tribunal de la région parisienne. Son expérience en audience correctionnelle lui a donné l'intime conviction qu'il fallait voir bien au-delà des réformes actuelles de notre justice. Et prévenir les actes délictueux plutôt que les juger après coup.

Dès l'adolescence, mon regard s'est porté vers la police et la justice. Mon oncle était contrôleur général dans la police, il m'a transmis le sens de l'équité et l'intérêt général qui ont dès lors toujours résonné en moi. J'ai même pensé à une carrière de commissaire de police. Après des études de droit pénal, je me suis orientée vers le droit des affaires. En parallèle, je passerai le concours d'inspecteur des impôts. Métier que j'exercerai pendant dix-huit ans dans l'administration fiscale au ministère de l'Économie et des Finances. Ensuite, en 1998, je deviendrai avocate fiscaliste. Enfin, par ailleurs, je me suis engagée dans ma commune du Vésinet (Yvelines), jusqu'à en être investie maire adjoint en 2013, sans étiquette.

En 2010, je suis tombée sur un article portant sur les « juges de proximité », que l'on appelle désormais les « magistrats à titre temporaire ». Cette fonction m'a appelée, me reconnectant à mon premier « amour », le droit pénal, en ajoutant une touche de psychologie et de sociologie, aussi, j'ai décidé de candidater. À l'époque, le processus de validation était long. J'ai donc attendu trois années avant de prêter serment, durant lesquelles je me suis formée tant d'un point de vue théorique que pratique. Puis j'ai sauté dans le grand bain. Cela fait maintenant plus de dix ans que j'ai la chance de participer au plus près à la justice en marche. J'interviens en étroite collaboration avec des magistrats en droit civil, et je siège également en audiences de comparutions immédiates ou dans le cadre du pôle violences familiales et intrafamiliales. Forte de cette expérience, je pense que, face à la judiciarisation de la société et, en miroir, au manque croissant de moyens de notre système judiciaire, pour désengorger les tribunaux et gagner en célérité, il faudrait agir en amont et en aval des décisions de justice. Ceci est mon rêve. En bref, prévenir plutôt que punir.

Tout d'abord, la justice devrait favoriser la « prévention » des actes délictueux en mettant l'accent sur l'éducation. En effet, les individus jugés en correctionnel ont des parcours de vie chaotiques, marqués par des échecs scolaires et l'appartenance à des familles déstructurées. À 20 ans, certains ont déjà vingt mentions sur leur casier judiciaire. Comment, ici, ne pas se dire que la société a « raté » quelque chose ?

Concrètement, pourquoi ne pas renforcer en classe l'aide aux devoirs et assurer leur suivi en dehors de l'école pour les élèves les plus en difficulté en raison d'un environnement familial nocif ? La réforme de la justice doit passer par celle de l'éducation, j'en suis convaincue.

Deuxième proposition, afin d'avoir cette fois un impact lorsque le délit a été commis : développer la justice restaurative. Lorsque j'ai vu, en 2023, le très beau film *Je verrai toujours vos visages*, de Jeanne Herry, j'ai compris le potentiel extraordinaire de ce modèle qui fait dialoguer, grâce à un médiateur formé, une victime avec l'auteur d'une infraction. Celui-ci pouvant dès lors se rendre compte des conséquences de son acte sur une victime, qui n'est pas la « sienne », mais a vécu une situation analogue. La justice restaurative présente donc le double avantage d'offrir à la victime l'opportunité de se reconstruire en comprenant ce qui peut amener quelqu'un à commettre tel ou tel délit et à celui qui l'a commis de se responsabiliser. Je suis donc favorable à ce que les politiques encouragent ce procédé permettant de limiter la récidive.

Pour conclure, je reprendrai la métaphore du colibri. Si l'on veut éteindre le feu de l'incendie que connaît notre justice, chacun doit amener sa goutte d'eau : l'État, en octroyant plus de moyens bien sûr, mais aussi les acteurs de l'éducation et associatifs, afin de pallier les dysfonctionnements de certaines familles. Car agir de manière préventive et, au bout de la chaîne, désengorger les tribunaux, c'est agir dès l'enfance. Dans l'un de ses livres, Boris Cyrulnik écrivait qu'un enfant « sécurisé » entrant en maternelle disposait de plus de 4 000 mots. Dans le cas contraire, il n'en a que 200. Or, ne pas arriver à bien s'exprimer prépare à le faire avec ses poings. Plus on s'y prend tôt, plus ce sera efficace, et moins les magistrats auront de jugements à rendre !

48.

Menons un travail sur le long terme et en profondeur pour faire à nouveau de la sécurité l'instrument de notre liberté collective

Martine Monteil a effectué toute sa carrière dans la police. Elle fait partie des premières femmes commissaires de police et a été à la tête des prestigieuses brigades centrales du quai des Orfèvres (stupéfiants, grand banditisme, proxénétisme, brigade criminelle). Elle a ensuite été à la tête du célèbre 36, quai des Orfèvres, puis nommée directrice centrale de la police judiciaire. Elle termine sa carrière au poste de préfète, secrétaire générale de la zone de défense de Paris.

Il n'y a pas de liberté sans sécurité réelle. Et pourtant, quotidiennement, dans notre pays, nous avons droit à notre lot de faits divers inexcusables. Pire, nous avons fini par en avoir l'habitude.

À tel point qu'on se pose des questions que l'on n'aurait même pas envisagées il y a quelques décennies : puis-je me rendre dans tel parc ? Est-ce que je peux faire du jogging à telle heure ? Est-ce que je peux porter ces bijoux ou cette jupe ?

Quand j'avais 17 ou 18 ans et que je sortais avec mes amis, nous avions le droit d'être insouciants. Mon père, lui-même policier, n'éprouvait aucune inquiétude à ce que je puisse me rendre dans Paris en transports en commun, et ce même à une heure tardive.

À cette époque, seuls les policiers et les magistrats étaient les témoins du mal dans notre société. Aujourd'hui, c'est chaque citoyen qui peut toucher du doigt cette insécurité.

La violence explose. Les chiffres de la délinquance en témoignent. Nous avons perdu notre sérénité et nous éprouvons une forme de lassitude à ce que le tir ne soit jamais corrigé.

On se doit de réagir, c'est urgent !

Je me laisse aller à rêver que nous allons relever ce défi, que nous allons retrouver cette sécurité qui est la condition *sine qua non* de l'équilibre de notre société et de notre liberté.

Mais je constate que cet objectif, si souvent loué par les responsables politiques, est travesti par les effets de manche. On crève de cette communication artificielle. On montre parfois les gros bras. On estampille une opération avec des mots ronflants, on fait venir les journalistes et puis, plus rien… Dans le trafic de drogue par exemple, on n'a fait ces dernières années que déranger la fourmilière mais on ne s'attaque pas au cœur du problème. Pourquoi ? Parce que les ministres ont besoin de résultats. Ils ont besoin d'afficher très rapidement des chiffres. Mais en s'y prenant de la sorte, on arrive devant les magistrats avec des dossiers creux dont ils ne peuvent rien faire. Résultat : les trafiquants sont libres de reprendre leur « business » et les habitants qui logent dans ces quartiers gangrénés par la drogue doivent continuer à longer les murs de leurs immeubles.

La lutte contre le trafic de drogue et celle contre le crime organisé n'ont pas besoin d'opérations coup-de-poing. Elles ont besoin qu'on réapprenne à travailler sur le long terme. Les personnalités politiques aiment cibler ce qui se voit comme les petits dealers. Mais ce serait naïf que de croire qu'ils sont de simples autoentrepreneurs. Ils sont en réalité le dernier maillon de la chaîne d'un immense réseau dont certaines ramifications se trouvent à l'international. Il faut donc commencer par viser la tête de pont de ce trafic, avec patience et méthode. Il conviendra ainsi de faire de la police judiciaire une « machine de guerre » pour neutraliser ces « cartels » car c'est bien de cela qu'il s'agit.

Bien sûr, il faudra revoir les moyens humains et matériels, revoir aussi certains dispositifs législatifs et administratifs non adaptés actuellement… Lutter contre l'insécurité, c'est aussi faire appliquer drastiquement les lois et les peines efficientes, sans quoi le travail mené par la police est inutile.

Enfin, pour ce qui est de la sécurité publique et de la tranquillité quotidienne de nos concitoyens, il nous faut plus de policiers dans nos rues, plus de « bleus » comme on disait. Je me souviens d'une époque où les policiers quadrillaient le terrain, dans tous les quartiers. Cela rassurait incontestablement. C'est ce qui a permis d'ailleurs cette parenthèse enchantée des Jeux olympiques à Paris pendant laquelle la population a enfin ressenti de la quiétude. Mais pour que ces policiers soient réellement à proximité de nos concitoyens et non dans les bureaux, il faut faire en sorte qu'ils ne soient plus noyés sous la procédure.

Je refuse d'être pessimiste et je crois encore qu'il est possible de faire autrement car j'ai vécu une époque où l'insécurité n'était pas autant systématique. Toutefois, je suis loin d'être euphorique quand je constate que nos pouvoirs publics se contentent de « bricoler » pour enrayer un fléau qui mérite un travail en profondeur. Alors, si moi-même je ne vivrai sans doute pas ce rêve, je souhaite qu'il devienne réalité au moins pour mes enfants et petits-enfants. Ce fut le sens de mon engagement dans la police toutes ces années.

49.

Les Français jugés au pénal doivent bénéficier d'un dossier d'enquête équitable

Avocat pénaliste depuis 1991, Mario Stasi a créé, avec son épouse, son cabinet Obadia & Stasi. Chaque engagement nourrissant l'autre, il se bat en parallèle contre le racisme et l'antisémitisme à la Licra, dont il est aujourd'hui le président, et a mené un temps une carrière politique à l'UDF.

Né au sein d'une famille d'immigrés espagnols du côté paternel qui a choisi de prendre la nationalité française, je suis attaché à la France et à ses valeurs universelles. Aussi, depuis mes 23 ans, je les défends avec ardeur, notamment grâce à mon métier d'avocat. Je l'ai exercé une dizaine d'années dans le cabinet de mon père, avant de fonder le mien, en 2011.

Du côté de ma mère, j'ai hérité de la fibre artistique. Cette branche familiale compte de nombreux peintres, musiciens professionnels et circassiens de haut vol. Ce n'est donc pas un hasard si chanter est ma passion. Je me suis produit avec des jeunes confrères dès que j'ai prêté serment et je vais bientôt le refaire au bénéfice de la Licra (Ligue internationale contre le racisme et l'antisémitisme).

Depuis 2008, je milite ainsi activement au sein de cette association, que j'ai la chance de présider. Sa mission est plus que jamais d'actualité au vu du repli identitaire que l'on constate dans notre pays. Pour moi, il existe une passerelle entre ce combat associatif et ma profession d'avocat : la quête de justice.

Je me suis spécialisé dans le droit pénal des affaires et de la santé, ce qui m'a valu l'image d'« avocat éthique ». Chaque plaidoirie m'enthousiasme et me pose un défi parce qu'aucune affaire ne ressemble à une autre. Un jour, je peux défendre un député, le lendemain, des parents dont l'enfant a été accidentellement tué à son domicile en raison de malfaçons. Tenter de faire triompher la vérité est un moteur. Mais l'élan qu'il me donne se heurte à ce qui est, selon moi, le dysfonctionnement majeur de la chaîne pénale : des dossiers d'enquête policière peu sérieux ou incomplets.

Lorsque l'on dénonce en France une justice inefficace, on évoque souvent, de façon inexacte, son laxisme. Je suis avocat pénaliste depuis trente ans et je peux au contraire affirmer que les peines prononcées sont de plus en plus lourdes. Il s'agit d'un leurre dangereux pour notre démocratie, utilisé par des populistes pour appâter des électeurs. On cite également, cette fois à juste titre, le manque chronique de magistrats. Mais on parle nettement moins du problème de la qualité du dossier d'enquête, pierre angulaire des jugements rendus.

En effet, ce que j'appelle la « phase policière », dans laquelle les policiers ou les gendarmes recueillent la plainte d'une victime, et investiguent pour obtenir et faire la synthèse des preuves, est parfois lacunaire ou pire bâclé. La faute en revient au manque de formation et au nombre insuffisant des enquêteurs.

Or, la qualité intrinsèque de la défense et, par conséquent, de la future décision du juge dépend dans l'immense majorité de celle des dossiers sur lesquels elles s'appuient, puisque 97 % des affaires pénales en sont tributaires. Celles-ci sont en effet jugées par un tribunal sans l'intervention d'un juge d'instruction. Or, l'avocat peut être le plus brillant du monde, ce qui comptera *in fine*, ce sera ce que contient le dossier d'enquête de son client.

Si celui-ci a été fait à charge, ce sera compliqué pour un individu injustement accusé d'un délit d'être innocenté.

Aujourd'hui, pour les 3 % restants de procès au pénal, un juge d'instruction mène l'enquête. Ce dernier ayant été saisi par le procureur qui a estimé une affaire particulièrement compliquée ou sensible. On demande alors à ce juge d'instruction d'être « schizophrène » puisqu'il est enquêteur et juge, donc juge et partie. C'est inhumain !

Les termes peuvent paraître techniques, cependant, ce qui rendrait notre justice pénale moins arbitraire, ce serait de passer d'une procédure « inquisitoriale » à une procédure accusatoire. Cela permettrait de respecter les droits des deux parties, qui pourraient, dès lors, être sur un même pied d'égalité. Pour toute procédure pénale, et avec un juge de l'instruction veillant au respect de ces droits, le procureur et l'avocat des mis en cause ou des victimes pourraient dès lors enquêter, recueillir des témoignages, sous l'autorité de ce juge qui déciderait de la fin de l'enquête, enverrait, sans conclusion le dossier établi devant un tribunal. Une vraie révolution procédurale !

Notre justice pénale doit se réformer. Il y va de la sauvegarde de l'un de ses fondements auquel je tiens particulièrement : l'équité des justiciables devant la loi.

SIMPLIFIER NOTRE PAYS ET RENFORCER SA PLACE DANS LE MONDE

50.

Soyons courageux et réorganisons en profondeur notre système de dépenses de santé et du social

Pierre Gattaz est président-directeur général de Radiall depuis 1994, entreprise spécialisée dans la conception de composants électroniques. Il a été président du Medef de 2013 à 2018, du Medef européen de 2018 à 2022. Il est le fondateur de l'association Y Croire et Agir, et d'un nouveau think tank, l'Institut des solutions. Il est également l'auteur, aux éditions du Rocher, du livre Enthousiasmez-vous !.

La période électorale que nous avons connue au printemps et à l'été 2024 a révélé que le pouvoir d'achat était la préoccupation première dans l'esprit des Français. C'est un réel sujet d'inquiétude.

Il faut donc réussir à augmenter le pouvoir d'achat de nos compatriotes mais pas n'importe comment, et pas à n'importe quel prix. Les législatives ont envoyé au palais Bourbon des députés qui ont, avec entêtement, l'intention d'augmenter brutalement le Smic. C'est une idée dramatique tant notre économie s'en trouverait appauvrie avec des TPE et PME très fragilisées ou en faillite.

Pour augmenter le pouvoir d'achat, il existe une autre solution, beaucoup plus pragmatique et où tout le monde est gagnant. Il s'agirait de baisser les charges sociales et patronales de 20 % et d'en faire profiter les salariés aux trois quarts. Cela permettrait donc de dégager des économies significatives, bénéfiques aux salariés dont le salaire net augmenterait, bénéfiques aux entreprises dont le coût du travail baisserait un peu et bénéfiques au pays dans la mesure où le bloc des dépenses publiques liées à la santé et au social serait mieux géré.

Une telle mesure n'est possible, à mes yeux, que si nous remettons préalablement au centre du jeu la bonne gestion de nos dépenses publiques.

Jusqu'à cet automne, dans le débat public, personne ne parlait en effet de la compétitivité de l'entreprise France. Or, tout part de là. On ne veut pas voir la France comme une entreprise mais on le devrait pourtant car cela nous permettrait de regarder en face ce chiffre ahurissant de

57 % du PIB dédié aux dépenses publiques, le record de l'OCDE, alors que la moyenne européenne est a 50%. Soit 200Mrds € de dépenses publiques en trop ! On comprendrait qu'une entreprise n'aurait jamais fonctionné de la sorte au risque sinon d'aller droit dans le mur.

Il faut donc s'atteler, avec courage, à réduire ce bloc de dépenses publiques en s'inspirant du modèle de gestion des entreprises. C'est cela le sens du rêve que je formule aujourd'hui et je crois que ce n'est pas utopique. C'est un rêve tangible si on s'en donne les moyens.

Le gros du chantier concerne principalement le domaine de la santé et du social. Nous avons, avec nos hôpitaux, l'exemple même d'une administration obèse rongée par la bureaucratie et la technocratie. Il faut revoir de fond en comble le management de ces administrations en s'appuyant sur les outils qui ont été déployés depuis longtemps dans le privé. Je l'ai moi-même expérimenté chez Radiall et j'ai vu à quel point des résultats, basés sur des outils de management modernes et des ressources humaines performantes, pouvaient être obtenus en peu de temps. Il faut oser parler productivité, qui ne doit pas être un gros mot, dans le milieu hospitalier, et dans toutes les autres administrations aussi d'ailleurs. Il faut le faire à travers un management participatif en impliquant les fonctionnaires à tous les niveaux pour créer les conditions de leur motivation et de leur participation. Progresser avec eux, et non pas contre eux !

Un autre poste important qui nécessite une meilleure gestion, c'est notre système de retraite. Il n'y a pas de secrets. Pour gagner plus, il faut travailler plus. Dans un monde hyperconcurrentiel, on ne peut pas tenir le discours selon lequel on va pouvoir partir à la retraite plus tôt. C'est totalement démagogique et naïf. Il va falloir travailler jusqu'à 65-67 ans, voire un peu plus, comme c'est le cas chez la plupart de nos voisins européens, et gérer les métiers pénibles ou les carrières longues par exception. Je crois qu'il faut aussi intégrer une dose de capitalisation dans notre système pour conforter, grâce à notre épargne, des pensions correctes.

Quant aux assurances publiques comme la sécurité sociale, il faut réfléchir à une privatisation d'une partie de cet écosystème. Il faut y intégrer une dose de compétition comme l'a fait avec succès la Nouvelle-Zélande parce que c'est vertueux et nécessaire pour réduire cet important bloc de dépenses sociales.

Ce travail, même si cela demande du temps et de la pédagogie, doit commencer maintenant. Misons sur l'intelligence collective et faisons travailler le public et le privé ensemble !

Je remarque d'ailleurs, dans le grand flou politique dans lequel nous avons plongé récemment, que l'entreprise représente la stabilité et est l'un des derniers bastions démocratiques de notre pays. Faisons donc confiance à l'écosystème privé pour imaginer les solutions de demain. C'est ce à quoi je m'emploie avec énergie dans le think tank que je viens de fonder, l'Institut des solutions, où l'on fait le pari du pragmatisme sans renoncer à notre audace.

51.

Développer une vraie culture de la solidarité internationale en France

Catherine Giboin est présidente de la fondation Médecins du monde. Elle a débuté sa carrière dans le privé avant de se tourner vers le secteur humanitaire et l'aide au développement en intégrant dès 1993 Médecins du monde où elle a occupé plusieurs postes et a contribué à faire avancer le dossier de la santé et des droits des femmes.

Depuis trente ans, je me suis investie chez Médecins du monde au siège comme sur le terrain avant de devenir présidente de la fondation Médecins du monde il y a trois ans. Cette expérience m'a nourrie et convaincue que le « vivre-ensemble » n'a pas de frontières.

Le dossier de la santé et des droits des femmes, je l'ai défendu dans un milieu humanitaire pas autant progressiste que l'on pourrait le penser. Aujourd'hui, la situation a beaucoup évolué et l'approche par les droits de la santé est reconnue par l'ensemble des acteurs.

Il n'y a pas de santé sans accès aux droits, c'est malheureusement particulièrement vrai pour les femmes, et il n'y a pas d'égalité possible ou d'émancipation sans la santé. C'est le prérequis de base et c'est une condition nécessaire mais certes pas suffisante.

Les Nations unies reconnaissaient qu'en 2023 encore, 44 % des femmes en couple ne sont pas en mesure de prendre des décisions en matière de soins de santé, de sexualité ou de contraception.

Au sein de la fondation, notre action cible désormais les droits et la santé des femmes à trois niveaux : la prise en charge des grossesses non intentionnelles, ce qui englobe l'accès aux moyens de contraception et à l'IVG ; la prévention et la prise en charge du cancer du col de l'utérus ; et le sujet ô combien important de la lutte contre les violences liées au genre.

Parfois, quand je prends du recul et que je mesure le chemin parcouru pour obtenir un certain nombre de victoires dans ces domaines, je constate qu'il est parfois difficile de mobiliser le public sur l'importance de la solidarité internationale.

Pourtant, la solidarité n'a pas de frontières. Nous devons être solidaires avec les organisations de femmes qui se battent pour leurs droits en République démocratique du Congo, en Ukraine ou en Afghanistan. Ce sont elles qui font et qui feront bouger les lignes, pas nous ! Les combats qu'elles mènent sont les mêmes que ceux que nous avons menés dans le passé et peut-être que nous menons encore aujourd'hui.

Je crois que nos destins sont liés et que nous devons rester mobilisés pour que la France garde son image de patrie des droits humains.

Mon rêve, c'est non seulement de nous mobiliser plus sur la solidarité internationale mais surtout de soutenir durablement et avec les moyens nécessaires les organisations nationales qui défendent les droits humains et en particulier les droits des femmes dans les pays du Sud.

Je vois, chaque jour, la puissance financière et l'influence des organisations qui remettent en cause les droits humains, en particulier les organisations antigenres, anti-LGBT, antimigrants. Il y a donc une vigilance permanente à avoir.

Il faut reconnaître que la France est l'un des premiers pays à financer directement des organisations féministes. En 2023, l'État a ainsi débloqué un fonds de 250 millions d'euros sur cinq ans pour ce soutien ciblé. Désormais, il faut convaincre l'Union européenne de suivre également cette trajectoire.

Je me félicite que la France ait fait entrer dans notre Constitution le droit à l'IVG. Cela a provoqué un retentissement formidable dans des pays où des associations se battent en ce moment pour l'accès à ce droit. Un événement que toute la presse internationale a salué : « un moment historique », « une promesse pour les femmes du monde entier » et qui contribuera, j'espère, à faire changer les mentalités.

Le défi maintenant, c'est de donner les moyens aux Français de s'approprier ces enjeux. Cela implique de mieux communiquer, notamment en valorisant les expériences réussies sur le terrain, les avancées que nous voyons. Cela implique aussi d'aller chercher de nouveaux publics, en particulier les personnes non convaincues. Mais je pense aussi aux jeunes. Pour ce faire, il faut sûrement agir sur l'éducation à la citoyenneté et à la solidarité internationale.

Pour lutter contre les inégalités et la pauvreté, la solidarité doit et peut s'exprimer au coin de la rue comme à l'autre bout du monde. Il y va en effet de l'image de la France et de son rôle dans les instances internationales.

52.

Établir une nouvelle fondation républicaine capable de restituer à la France sa position de premier pays des droits de l'être humain et de la paix

Olivier Girault fut entraîneur et joueur de handball. Il fait partie de la génération de joueurs internationaux ayant remporté le titre mondial en 2001, le titre européen en 2006 et le titre olympique en 2008. Il a été président de la Ligue nationale de handball avant de prendre en 2021 les rênes de l'Union nationale du sport scolaire (UNSS).

Je suis un des derniers enfants du Bumidom (Bureau pour le développement des migrations dans les départements d'outre-mer), mis en place en France dans les années 1960. Ma mère antillaise est arrivée en métropole pour travailler à la poste. J'avais 6 ans, ma famille était pauvre, mais nous étions guidés par une idée très républicaine, celle qui consiste à dire que, par le travail, on peut atteindre son rêve.

C'est ce qui s'est produit dans mon cas. Mais je constate aujourd'hui que les bases solides sur lesquelles était fondée la République française se sont effondrées.

Il faut désormais tout revoir en faisant un audit complet prenant tous les paramètres en compte, le nécessaire recul historique, le schéma géopolitique dans lequel nous évoluons, et les disparités territoriales qu'il y a dans l'accès à des services publics élémentaires.

Nous devons ensuite collectivement nous mettre d'accord sur le diagnostic. C'est ce qui nous permettra de bâtir à nouveau un pays dont la place dans le monde nous rend fiers, en somme le pays des droits de l'être humain et de la paix comme il l'était il y a encore cinquante ans. C'est cela le rêve que je formule aujourd'hui.

Cela nécessite, dans l'écriture de notre audit, de se poser les bonnes questions. Le sujet de l'immigration est évidemment central. Pouvons-nous accueillir encore et si oui, peut-on accueillir différemment et plus dignement ?

Il s'agit de penser l'héritage que nous allons laisser à nos enfants. Comment est-ce possible que 9 jeunes Français sur 10 ne connaissent pas notre Constitution ? On ne verrait pas cette statistique dans les pays anglo-saxons où l'apprentissage de cet acte fondateur est à la base de l'éducation.

Il est nécessaire d'utiliser tous nos leviers pour transformer notre image, à commencer par celui du sport, un véritable outil de soft power. Notre politique sportive est prise en exemple dans de nombreux pays parce que nous avons l'un des meilleurs systèmes d'éducation par le sport. Je suis convaincu qu'il est l'un des derniers bastions français où nous sommes capables de faire apprendre à nos jeunes, par le plaisir, les valeurs de notre République et particulièrement la laïcité.

Il faut donc s'appuyer sur cette force et s'en inspirer dans de nombreux autres domaines. La clé étant de rappeler que tout est une question de droits, de devoirs et qu'il y a des règles immuables à respecter impérativement.

Dans le même esprit, nous devons faire plus de place à l'histoire contemporaine dans l'enseignement général parce que c'est celle-ci qui nous définit, c'est celle-ci qui fonde notre identité.

Je crois aussi qu'il est fondamental de protéger notre recherche et notre commerce extérieur. À certains niveaux, il faut oser le protectionnisme pour renforcer notre poids économique et notre crédibilité dans le monde.

Tout ceci ne pourra être fait que si nous nous inscrivons dans un temps long. Bâtir l'avenir de la France, préparer le terrain pour les prochaines générations demandent du temps. On ne peut pas agir efficacement le temps d'un quinquennat. Il faudra aussi se poser cette question de la durée du mandat présidentiel.

Face à cet immense défi, je reste résolument optimiste. J'ai la chance en effet, en tant que directeur de l'Union nationale du sport scolaire, de rencontrer de nombreux jeunes qui s'engagent et qui génèrent un grand espoir pour notre futur.

Je crois enfin qu'il faut remplir notre verre avant de remplir celui des autres. Il faut donc se donner le temps de faire un diagnostic complet qui permettra de bâtir un nouveau socle républicain, compris de tous, qui aura été l'émanation d'une réflexion réalisée à l'aune de notre époque.

À partir de ces nouvelles fondations solides, la place de la France dans le monde pourra effectivement être de nouveau respectée.

53.

Écrire un nouveau siècle des lumières

Patrick Jeantet est président de la Fédération des industries ferroviaires et Senior Advisor de Vauban Infrastructure Partners. Diplômé de l'École polytechnique et de l'École nationale des ponts et chaussées, il a été président-directeur général de SNCF Réseau, directeur général délégué du Groupe Aéroports de Paris et président du directoire de Keolis.

Pendant une grande partie de ma carrière, j'ai beaucoup voyagé à l'étranger, quasiment sur tous les continents. Je suis passé par les Philippines, l'Australie, l'Afrique, l'Amérique latine, de nombreux pays européens. J'ai été nourri par les visions du monde qu'ont les habitants de ces différents pays.

Prenons de la hauteur et regardons l'évolution de nos sociétés sur des périodes longues. Alors, il est clair que nous, les citoyens des sociétés occidentales et en particulier européennes, avons connu une considérable amélioration de notre condition : plus riches, vivant en bonne santé plus longtemps dans des sociétés nettement moins violentes et beaucoup moins pauvres. Ainsi, en Europe occidentale au Moyen Âge, on dénombrait entre 10 et 100 homicides pour 100 000 habitants par an ; aujourd'hui, ce chiffre est tombé à moins de 1 homicide pour 100 000 habitants ! Quand, en Allemagne, Bismarck met en place le premier système de retraite par répartition en 1889, l'espérance de vie à l'âge de la retraite (70 ans) est nulle. Aujourd'hui, elle est d'environ dix-neuf ans dans les pays de l'OCDE. Le PIB par habitant de la France en 1950 équivalait à celui de l'Égypte aujourd'hui.

Bien sûr, il y a de grandes inégalités encore à combattre mais la France est dans le top 10 des pays ayant le plus bas taux de pauvreté au monde.

Pourtant, ce modèle est attaqué de toute part : à l'intérieur, les populistes et autres extrêmes le remettent en question ; à l'extérieur, la Chine et nombre de pays dits du Sud proposent des modèles plus dirigistes, voire autocratiques, des modèles qui nient les droits de l'homme et restreignent les libertés.

Pour préserver notre modèle démocratique, il va nous falloir nous battre et d'abord contre nos propres démons. Nous vivons dans l'illusion d'une France qui serait restée une grande puissance. Nous ne le sommes plus depuis l'armistice de 1940. Le gaullisme a ensuite entretenu cette illusion. Il faut s'y faire. La France est bel et bien une puissance moyenne, à l'instar de ses voisins européens comme l'Allemagne, l'Espagne, l'Angleterre.

Certes, la construction de l'UE a été un grand progrès, mais elle reste une Europe de nations. Elle n'est donc pas une puissance géopolitique.

Admettons ces réalités et bâtissons un nouveau projet. Ce projet, c'est la création d'une Europe plus unie, plus démocratique et plus puissante.

C'est la raison pour laquelle je plaide aujourd'hui pour la création d'une république fédérale d'Europe. Cette république fédérale d'Europe, unité politique et puissance géopolitique, sera à même d'influer sur la marche du monde et de faire s'épanouir nos valeurs : liberté, fraternité, humanisme.

Naturellement, il faut que cela se fasse d'abord avec les pays qui ont été à l'origine de la construction européenne : la France, l'Allemagne, le Benelux, l'Italie mais aussi le Portugal, l'Espagne et les pays nordiques.

On juge l'UE hors sol, déconnectée des réalités, technocratique et loin des citoyens… Soit, changeons-la et bâtissons un autre modèle, plus démocratique, plus riche de toutes ses cultures, qui nous permettra de construire un monde meilleur. C'est peut-être une utopie mais c'est nécessaire pour que le modèle européen, ses valeurs, sa puissance économique perdurent.

À l'échelon fédéral, les domaines régaliens : la sécurité, la monnaie, la défense, la diplomatie, et toute compétence qui, exercée au niveau fédéral, serait plus performante, selon le principe de subsidiarité ; je pense par exemple au développement des infrastructures de réseaux (transport, énergie) mais aussi à la réglementation en matière de santé publique…

À l'échelon national et régional, le développement économique, la culture, les services publics du quotidien, des régions calquées sur les bassins de vie d'attractivité économique : ni trop grandes parce que nous avons besoin de proximité et d'acteurs politiques à l'écoute de nos concitoyens, ni trop petites pour permettre une péréquation économique entre zones pauvres et zones riches.

La France à l'initiative des Lumières au XVIIIe siècle, la France à l'initiative de la Fédération européenne au XXIe siècle. Voilà la place et le rôle de notre pays pour les décennies à venir. Passer à un rêve plus grand, dépasser les nationalismes pour écrire un nouveau siècle des lumières, un siècle écologique, un siècle qui connaîtra l'éradication de la pauvreté, un siècle à la conquête de nouveaux mondes.

54.

Redonnons du poids aux territoires en accentuant les coopérations publiques et privées

Jean-Pierre Letartre a été à la tête du cabinet Ernst & Young en France et en Europe de l'Ouest avant de mettre ses compétences et son expérience au service du développement de la région lilloise, son territoire natal. Il est aujourd'hui président d'Entreprises & Cités, l'un des plus importants campus entrepreneuriaux et patronaux de France.

Deux mots ont guidé toute ma carrière professionnelle : l'entrepreneuriat et les territoires.

Dans les années 1980, le terme « entrepreneur » était assimilé aux entreprises du BTP (bâtiment et travaux publics). Je militais alors au sein du cabinet Ernst & Young (EY) pour que l'on puisse reconnaître et mobiliser davantage le monde de l'entrepreneuriat. J'avais alors contribué à la naissance du prix de l'Entrepreneur de l'année, ce qui, à l'époque, était une grande nouveauté. De la même façon, je pensais « territorialisation ». Il m'apparaissait de bon sens de partir du local pour imaginer notre écosystème organisationnel. Mes interlocuteurs me regardaient alors avec des yeux ronds d'étonnement mais j'ai réussi finalement à les convaincre et, dans cet esprit, j'ai ouvert le bureau lillois d'EY.

Aujourd'hui, l'entrepreneuriat est entré dans notre vocabulaire courant. La territorialisation est, quant à elle, une notion reconnue, sans pour autant être admise et mise en œuvre par tous.

Changer autour de moi l'état d'esprit des décideurs, du public comme du privé, sur ces deux concepts a donc constitué le fil rouge de ma carrière. C'est ce à quoi je m'emploie encore aujourd'hui avec Entreprises & Cités.

Si je suis d'un tempérament naturellement optimiste, que j'ai pu mesurer le chemin parcouru dans un certain nombre de domaines, je n'en demeure pas moins réaliste sur les blocages qui freinent encore la compétitivité de notre pays.

Empilage de couches administratives et normatives, surspécialisation et sursegmentation des compétences, faiblesse des transversalités… ces maux, qui touchent les secteurs publics et privés, m'amènent à nourrir le rêve que je souhaite formuler aujourd'hui : redonnons du poids aux territoires dans une logique de coopération public/entreprises accentuée.

En somme, ce que je propose, c'est un nouveau discours de la méthode avec pour objectif une simplification de notre schéma organisationnel pour gagner en efficacité.

Dans un pays de tradition jacobine, où l'État centralisateur semble s'occuper de tout, il est en effet urgent de changer de paradigme. Il faut redonner du pouvoir à ceux qui prennent des responsabilités territoriales, en leur donnant la considération nécessaire à la mise en œuvre de leur mission, en leur apportant les moyens de répondre aux grands défis de développement d'aujourd'hui et de demain. Bien sûr, certains domaines clés doivent rester sous le contrôle du siège. Il nous faut cependant trouver un équilibre entre les compétences basées sur le territoire et le siège.

C'est en ce sens que nous reprendrons goût à l'esprit de coopération qui doit guider toutes nos actions. Cet esprit a d'ailleurs été le catalyseur majeur du succès de notre modèle social. J'en tiens pour preuve la création du « 1 % logement » qui fut créé pendant la Seconde Guerre mondiale par le patronat et les syndicats du Nord.

Aujourd'hui, le logement semble être une responsabilité de tous et de personne. Qui peut aujourd'hui dire le nom du responsable de la politique logement : l'État, certaines villes et leurs établissements publics de coopération intercommunale (EPCI), les conseils départementaux ?

Ces problématiques d'absence de coopération se révèlent aujourd'hui criantes alors que les défis à venir nous obligent à avancer « collectivement ». Nous avons en effet devant nous des transformations aux dimensions que nous n'avons jamais connues auparavant et qu'il convient d'aborder sans créer de nouvelles fractures sociales. Je pense bien entendu à la transition écologique, mais aussi à l'impact de l'intelligence artificielle. Je les vois comme de formidables vecteurs pour accroître notre compétitivité. Cependant, les résultats seront tangibles à la seule condition d'embarquer tout le monde, les grands groupes comme les PME, l'État comme les collectivités locales, par le fruit de coopérations pensées depuis les territoires.

Il en va de même du combat pour la réindustrialisation, soixante-cinq mille nouveaux emplois industriels seront créés dans l'aire urbaine de Lille, allant de Dunkerque à Maubeuge dans les quinze ans à venir. Cela générera des besoins considérables (logements, formations, services publics, mobilité, etc.) nécessitant des coopérations à développer entre l'État, les collectivités locales et le tissu économique.

Le chantier des coopérations est considérable mais il y a urgence à le relever.

55.

En finir avec l'excès des normes RSE et redonner de la liberté à nos entreprises

Philippe Louis-Dreyfus est le président du conseil de surveillance du groupe familial Louis Dreyfus Armateurs. Il fut président d'Armateurs de France entre 2002 et 2004 et fut également président des Armateurs européens (ECSA) et du Bimco, la première organisation maritime mondiale. Il est vice-président du Medef International et du comité gouvernance du Medef.

Toute ma carrière a été guidée par des valeurs d'humanisme, de progrès et d'esprit d'équipe. J'ai toujours veillé à ce qu'elles soient au cœur de mon management.

Je remarque aussi que de nombreux confrères chefs d'entreprise ont globalement souhaité développer leur société avec la même éthique. C'est particulièrement le cas pour les entreprises familiales qui ont une approche très fine des relations humaines, à la différence, quelquefois, de certains grands groupes cotés.

Malgré cela, l'administration a souhaité nous contraindre avec tout un arsenal de normes et directives en ce qui concerne la responsabilité sociétale des entreprises, la désormais incontournable RSE. À tel point que celle-ci prend le dessus sur ce qui doit pourtant rester moteur dans le développement d'une entreprise : la compétitivité, l'investissement et l'emploi, son développement donc.

Je le constate avec regret : nous allons trop loin avec la RSE. Il y a d'ailleurs un parallèle saisissant à faire avec le domaine de l'agriculture : nous bradons notre souveraineté alimentaire en assommant nos producteurs et nos éleveurs avec des normes et règlements lourds et complexes qui les détournent de leur métier premier : produire pour nous nourrir.

Notre pays étouffe sous cet amoncellement administratif et les mêmes causes produisent les mêmes effets. Nos entreprises, dont la vocation première est de contribuer à la puissance économique de notre pays, ne peuvent plus se permettre d'avoir une attention autant ciblée sur certains enjeux liés à la RSE.

Il n'est pas trop tard pour inverser la tendance. C'est la raison pour laquelle je formule ce souhait aujourd'hui : faisons attention aux «effets pervers» de la RSE et revenons aux «fondamentaux» de l'entreprise : le sens du travail et le goût de l'effort, dans le but commun de produire, plus, mieux, et de se développer.

Dans une entreprise, la vraie bienveillance pour la société, pour les autres, s'exprime par la croissance et le développement de l'emploi. Pas en parenthèses ludiques et obligations de déconnexion !

C'est nécessaire, en premier lieu, pour nos PME. Elles n'ont plus les moyens d'assumer financièrement de telles politiques. Les grands groupes oui, pas elles. Ne nous berçons pas d'illusions : ces semaines de la bienveillance, de l'environnement, qu'il faut désormais inclure dans le fonctionnement de l'entreprise, ont un coût financier et humain extrêmement important.

Je ne dis pas, bien au contraire, que ces questions sociétales et environnementales doivent être mises sous le tapis. Elles sont légitimes et peut-être a-t-il fallu à un moment l'impulsion des pouvoirs publics et de l'opinion pour davantage s'en préoccuper. Elles sont d'ailleurs tout à fait prises en compte aujourd'hui.

J'ai été personnellement très en pointe depuis quinze ans sur la décarbonation, quand je présidais les Armateurs français, puis européens, et ce, très longtemps avant que le climat ne devienne le sujet central de notre actualité. Dans le même esprit, j'ai été impliqué dans le mouvement Entreprise & Progrès très à l'avant-garde, comme d'autres aussi, sur les sujets d'intéressement, de mixité et de parité. Il était essentiel en effet d'avancer pour plus d'inclusion. Cela nous a permis d'ailleurs de faire émerger de nouveaux talents. Notre société avait besoin de ces progrès.

Néanmoins, cette RSE est aujourd'hui partie à la dérive. Depuis la crise du Covid-19 et l'installation durable du télétravail, nos décideurs « marchent sur la tête », pour reprendre le slogan scandé par nos amis agriculteurs au début de l'année 2024. Il est temps de siffler la fin de la récréation ! Il faut que le balancier reparte dans l'autre sens, vers le… « bon sens » !

Cette réflexion n'en est qu'à son début. C'est un chantier que je mène d'ailleurs au sein du comité gouvernance du Medef pour proposer collectivement de nouvelles solutions.

Je suis pessimiste sur le constat, vous l'aurez compris, mais je reste résolument optimiste quant à l'avenir. Faire changer les mentalités qui ont été converties à cette doxa ne sera pas simple certes, mais je suis convaincu que nous pouvons y arriver.

Parce que si nous continuons dans notre angélisme, nous perdrons la partie contre des concurrents moins naïfs et plus agressifs, et les conséquences pourraient être lourdes pour nos modèles européens de société démocratique. Pour tenter de lutter à armes égales, il faut donc se remettre au travail. VITE !

56.

Simplifier pour réinventer le monde ou comment raconter la simplification autrement pour libérer les énergies de notre pays

Multi-entrepreneur et spécialiste de la marque depuis plus de trente ans, Frédéric Messian est à la tête du groupe Lonsdale. Après avoir créé et développé différentes agences au sein de grands groupes comme Publicis, TBWA et Havas, il rachète en 2007 Lonsdale, agence de branding *et de design historique, et multiplie la taille de l'agence par vingt. Il est l'auteur, aux éditions Débats Publics, de l'ouvrage* Metamarque.

La France est un pays rempli de nombreux atouts et de talents. Nous avons, sur notre sol, tous les savoirs, toutes les richesses et toutes les énergies nécessaires pour maintenir durablement la France dans le concert des grandes nations. Seulement, il y a un grand « mais » qui ne tient qu'à un mot, la complexité, dans ses multiples résurgences : administratives, législatives et normatives, intellectuelles ou européennes.

Il y a quelques décennies, nous pouvions encore nous accommoder de ce système.

Les enjeux auxquels nous faisons désormais face sont à la fois technologiques, économiques, climatiques et sociétaux. Ils nous imposent un darwinisme accéléré et rendent une « révolution » de simplification indispensable et urgente. La complexité, ce n'est pas seulement des coûts supplémentaires, ce sont surtout des délais qui s'allongent, à l'heure où l'économie n'a jamais eu autant besoin de réactivité.

Le rythme des révolutions « industrielles » s'accélère. La première révolution aura mis quatre siècles à imposer tous ses effets, alors que l'intelligence artificielle ne mettra que quelques années à révolutionner nos sociétés. La vitesse exponentielle des évolutions nous impose donc de changer impérativement et rapidement de logiciel.

Pour réinventer le monde et construire les solutions qui permettront d'assurer son avenir, la simplification doit être un électrochoc. C'est cela le sens du rêve que je formule aujourd'hui.

Nous avons évidemment en mémoire le mot de Georges Pompidou qui déclarait en 1966 : « Arrêtez d'emmerder les Français ! Il y a trop de lois dans ce pays, on en crève, laissez-les vivre, et vous verrez, ça ira beaucoup mieux. » Cette phrase n'a pas perdu son actualité.

Comment expliquer qu'un tel fléau vienne scléroser notre pays depuis tant d'années ?

Comme pour tous les traumatismes, il faut probablement chercher la cause dans la prime jeunesse de la nation. Notre pays est un agrégat d'anciennes provinces et de féodalités diverses. Après la Révolution, il a fallu créer le ciment d'une identité française, celui d'une même nation. Napoléon va s'y employer avec énergie et pour réussir, il doit créer une ossature solide ; il crée de nombreuses institutions et impose le Code civil. L'État se construit. Les rigidités se créent. Nous sommes au point de départ d'une « inflation normative » qui ne cessera plus.

La création de l'Union européenne engendre à son tour une multiplication des règlements et des directives qui viennent nourrir l'Ogre et grever la liberté des États.

Cette façon de penser et de gérer les affaires de notre pays a imprégné également toutes les mentalités, y compris dans le privé, où nos entreprises sont trop souvent encore gouvernées de manière verticale.

Aujourd'hui, il s'agit de renverser totalement la table, et ce, à quatre niveaux différents.

D'abord, nous devons bâtir un véritable plan de marche visant à la fois à freiner drastiquement toute nouvelle production de normes et à expurger le stock existant en s'inspirant par exemple de la méthode britannique du « *one in, two out* ». Un suivi précis de ce plan de simplification serait assuré par une institution indépendante. Cet effort doit évidemment associer nos partenaires européens pour que Bruxelles participe du même effort.

Le deuxième niveau consisterait à s'attaquer enfin au millefeuille territorial et au chantier de la décentralisation en faisant davantage confiance aux collectivités territoriales, en leur conférant plus d'autonomie et de liberté d'action.

Au troisième niveau, il s'agit d'encourager le secteur privé à intensifier son changement de modèle organisationnel de plus en plus horizontal, qui favorise le dialogue et l'implication de chaque salarié dans le fonctionnement de l'entreprise.

Le quatrième niveau, au fond le plus important, est donc de rendre sa liberté à la cellule essentielle, celle de l'individu. Qu'il agisse comme personne, salarié ou citoyen, il est important de lui rendre le pouvoir et de le responsabiliser.

Il faut oser la confiance. Simplifier, cela veut dire accepter de rendre la liberté et que celle-ci sera mise au profit du bien commun.

C'est sous cet angle-là qu'il faut raconter la simplification. Il n'y a qu'une chose à dire : n'ayons pas peur de faire plus simple. La simplification sera la meilleure entreprise de libéralisation des énergies de ce pays, et de la liberté d'entreprendre, j'en suis convaincu.

57.

Soigner l'Afrique autrement

Ancienne élève de l'École normale supérieure et de Sciences-Po Paris, Anne-Sophie Grouchka est titulaire d'un DEA d'économie des relations internationales et d'un DEA d'études germaniques. Avec près de vingt ans d'expérience dans le secteur public puis dans l'assurance, elle dirige actuellement Solvd Group, un groupe mondial qui, en utilisant la puissance combinée de Control Expert, Innovation Group et GT Motive, révolutionne la gestion des sinistres et la mobilité. Depuis 2023, elle est également présidente d'Amref Health Africa, une organisation qui œuvre pour la santé et le développement en Afrique.

L'Afrique est le continent du XXIe siècle. Il nous indique l'avenir en termes de ressources environnementales et écologiques, d'enjeux démographiques et de développement technologique, dans un espace où la moitié de la population est déjà *digital native*.

Mais le plus grand défi de l'Afrique aujourd'hui est sans doute la santé. Ce problème est souvent approché de façon biaisée, dans un imaginaire marqué par les peurs qui entourent Ébola, la malaria ou d'autres zoonoses.

Premièrement, le continent africain recèle d'immenses ressources en termes de recherches médicales et scientifiques, y compris à cause des maladies rares qui s'y sont développées. Mais la flore africaine est aussi un vivier de découvertes. Je pense par exemple aux recherches qui sont menées sur des espèces végétales indigènes de Madagascar, auxquelles on trouve des vertus médicinales qu'on ne pouvait même pas imaginer. Dans ce domaine comme dans bien d'autres, l'Afrique reste un continent insuffisamment exploré et qui n'a encore révélé qu'une petite partie de son potentiel.

Le second volet de la question sanitaire est bien lié quant à lui aux maladies qui touchent les populations africaines, aux nombreuses zoonoses qui se développent sur le continent et aux maladies graves qui y persistent à cause du manque de vaccins ou de traitements appropriés.

Mon rêve consiste à envisager le problème autrement et à regarder le défi sanitaire de l'Afrique, premièrement, sans dissocier les enjeux sanitaires des découvertes scientifiques que le continent recèle en puissance ; et deuxièmement, comme un enjeu d'investissement et de croissance à long terme.

On ne prend pas suffisamment conscience du frein que représentent les retards sanitaires de l'Afrique pour la croissance du continent. Le taux de mortalité infantile, les limites de l'espérance de vie, la prolifération de certains virus, l'emprise du VIH dans certaines zones, les maladies auto-immunes ou la persistance du paludisme constituent en quelque sorte d'immenses externalités négatives pour le développement économique de ces pays. Ces facteurs entravent aussi l'efficience des investissements étrangers d'une façon qui n'est pas toujours aisément perceptible.

Plutôt que de chercher à tout prix à découvrir de nouveaux minerais qu'on pourrait extraire de son sol, je crois qu'il est temps de coordonner un vaste mouvement d'investissement sanitaire sur le continent africain. Encore faut-il savoir comment s'y prendre. Car, face à ce problème, nous restons souvent prisonniers d'une approche traditionnelle, pour ne pas dire postcoloniale, de l'aide humanitaire.

L'Amref Health Africa, première ONG de santé publique au monde, a au contraire toujours défendu une approche de l'aide humanitaire qui ne soit pas « verticale », mais s'insère dans les sociétés comme un complément aux politiques publiques locales. Plutôt que de distribuer des vaccins à une population, l'Amref préfère par exemple investir pour doubler la population que touchera une campagne de vaccination lancée par un gouvernement.

J'ai un rêve : celui d'un grand chantier d'investissement français dans la santé en Afrique. Un chantier qui permettra de créer des leviers de croissance endogène pour les initiatives locales comme pour les investissements internationaux, et de franchir un palier définitif dans le développement du continent. Car notre avenir d'Européens est indéfectiblement lié à celui des populations du continent africain.

VAINCRE LE DÉCOURAGEMENT ET LE PESSIMISME

58.

Positiver et reprendre confiance en l'avenir

Nicolas Bouzou est un essayiste expert en économie qui dirige un cabinet d'études au service des grandes entreprises, Asterès. Optimiste, il préside Les Rencontres de l'avenir et a écrit une vingtaine de livres dont le dernier, La Civilisation de la peur *(XO, 2024), nous pousse à envisager le futur sous un jour meilleur.*

Je ne suis pas attaché à la notion de « parcours », qui implique de trop regarder en arrière selon moi. Ce que l'on fait dans le présent me paraît plus important, plus signifiant. En ce qui me concerne, mon temps se partage essentiellement entre le cabinet d'études et de recherche, que je dirige depuis dix-sept ans ; mes activités médiatiques, puisque je suis aussi chroniqueur de télévision et éditorialiste à *L'Express* ainsi que sur Europe 1 ; celles qui ont trait à l'écriture (je publie environ un livre par an) ; et Les Rencontres de l'avenir. Un événement unique en Europe, que j'ai lancé en 2018 avec la ville de Saint-Raphaël, et qui est résolument tourné vers l'avenir. Chaque année, ce sont ainsi plus de dix mille personnes qui se réunissent pour écouter les conférences d'intellectuels, de politiques et d'économistes, de dirigeants d'entreprises ou d'artistes, ayant pour point commun d'envisager le futur avec confiance.

J'emploie donc mon énergie à démontrer à mes concitoyens que demain peut être meilleur si nous sommes astucieux, mais aussi qu'aujourd'hui n'est pas si mal que beaucoup ont l'air de le croire ! J'aimerais en effet que les Français prennent conscience de la chance qu'ils ont de vivre en France, et plus largement dans l'Union européenne. Qu'ils entrevoient les possibilités désirables s'offrant à eux. Je rêve ainsi que nous sortions du pessimisme ambiant qui nous colle à la peau depuis des décennies, qui nous empêche d'aller suffisamment de l'avant collectivement, et que nous soyons capables de tirer des leçons de ce qui fonctionne.

Prenons par exemple notre économie « sociale » de marché. Selon moi, il s'agit du meilleur système qui existe puisqu'il tente de corriger les inégalités grâce à des mécanismes de protection forts. Regardons, pour nous en convaincre, ce qui se passe aux États-Unis, où mieux vaut ne pas aller à l'hôpital au risque de s'endetter… En France, la santé est accessible à tous, et nous vivons par ailleurs dans une relative sécurité. Avec cet exemple, je souhaite démontrer que les Français pourraient, s'ils le veulent, changer de regard sur leur pays et, dès lors, moins voir la vie en noir.

Plus concrètement, je pense qu'il faut avant toute chose redonner espoir à notre jeunesse. Or, comme je crois beaucoup au moteur que peut constituer l'exemplarité, ainsi qu'à la coopération, je trouverais formidable que de grandes entreprises françaises représentant des marques connues se rendent dans les quartiers les plus défavorisés pour y organiser des rencontres entre des jeunes et des artistes, des sportifs, des dirigeants d'entreprises ou des scientifiques, qui incarnent une forme de réussite. Cela pourrait susciter des vocations.

Plus globalement, ces mêmes entreprises pourraient s'adresser aux jeunes là où ils se trouvent, c'est-à-dire principalement sur les réseaux sociaux. Ce serait stimulant et inspirant qu'elles y diffusent des films courts montrant le parcours de personnalités qui ont conjuré le sort en se sortant d'une situation sociale difficile, prouvant ainsi que c'est possible !

Si j'ai intitulé mon dernier essai *La Civilisation de la peur,* c'est parce que je pense fondamentalement qu'il est indispensable que nous lui tordions le cou une bonne fois pour toutes. Les médias, les réseaux sociaux (que nous alimentons) et les politiques ont une responsabilité dans sa propagation. Or, la pandémie de Covid-19 nous a montré notre formidable capacité de résilience nationale. Pour paraphraser Nicolas Sarkozy, je dirais qu'en France nous devons canaliser notre énergie vers le meilleur et, j'ajouterais, être plus positifs et sereins quant à ce qui nous attend.

59.

La gratitude doit être la lanterne des Français

Sandrine Gruda est la basketteuse française la plus décorée avec 35 titres en club, dont une bague WNBA, 9 médailles en équipe de France – dont 2 olympiques. Depuis deux ans, à côté de sa carrière sportive, elle est consultante et conférencière en « performance » pour les jeunes et les adultes actifs qu'elle accompagne dans leur quête d'excellence.

Depuis toujours, j'aime le sport. Après avoir pratiqué l'athlétisme, le tir à l'arc, mais aussi la gymnastique rythmique, j'ai eu un gros coup de cœur pour le basket dès l'âge de 6 ans. Cette discipline sportive ne m'était pas étrangère puisque mon père était un ancien basketteur, qui avait porté le maillot de l'équipe de France.

À l'âge de 15 ans, me voici donc en selle pour suivre ses traces en intégrant le Centre fédéral de basket-ball de Toulouse. Une année plus tard, je suis admise à Paris, dans le distingué Institut national du sport, de l'expertise et de la performance (Insep), où l'on me prédit un avenir glorieux. Diplôme en poche, je signe mon premier contrat professionnel chez le champion de France en titre : l'Union sportive Valenciennes Olympic (USVO). Deux ans plus tard, ma carrière internationale décolle véritablement. Je m'envole alors pour la Russie, la Turquie, l'Italie, puis les États-Unis, tout en gardant une place de choix à l'équipe de France, qui demeurait ma priorité.

Mon parcours de basketteuse est atypique et impactant, car je suis actuellement la meilleure marqueuse de l'histoire de l'équipe de France. Or, malgré cela, les Jeux olympiques de Paris 2024 me passent sous le nez… Cette épreuve, qui m'a d'abord attristée, a néanmoins renforcé la foi que j'ai toujours placée en la vie. Peu importe les écueils, je pense en effet de manière épidermique que l'Univers « conspire » en ma faveur. Je me suis donc dit que ma non-sélection à ces JO d'été était un signe que quelque chose de plus grand allait se manifester.

Je crois en mon étoile. Nous en avons tous une. Le moyen de s'en rendre compte serait d'exprimer d'une voix claire des mots de gratitude, même pour les choses dites banales de notre quotidien. Comme lorsqu'une place de parking se libère dans une synchronicité insoupçonnée. Je sais que le challenge est de taille puisque les Français sont de nature pessimiste. Comment, dès lors, vaincre cette mentalité dévastatrice ?

En agissant tout d'abord chacun sur son propre état d'esprit. Selon moi, un certain nombre de Français devraient changer leur façon de penser et d'agir en regardant la vie à travers un prisme résolument positif. Pour cela, ils doivent se défaire de certains conditionnements, en commençant par questionner les interprétations courantes, les plus populaires, qu'ils font par automatisme. Prenons un exemple simple : la pluie. Celle-ci génère souvent irritation et frustration, alors que nous devrions pourtant être reconnaissants envers la pluie de purifier l'air que nous respirons, d'irriguer les végétaux que nous savourons, d'apaiser notre âme grâce aux propriétés relaxantes de ses sons.

Cette dimension psychologique positive est essentielle pour conserver ténacité, courage et espoir. Concrètement, il faut éveiller davantage les consciences. Notamment en soutenant des dialogues éclairés, en s'enrichissant par la littérature ou encore en pratiquant des activités de bien-être, voire en suivant une psychothérapie si l'on vise un changement plus profond.

Pour renouer davantage avec l'optimisme, une autre piste à creuser serait également d'utiliser le sport comme un formidable levier de reconnexion à soi-même et d'élévation. Sa pratique offre en effet à ses bénéficiaires l'occasion de mieux se connaître. Elle renforce par ailleurs le goût pour le dépassement de soi, et améliore l'autodiscipline. Enfin, elle peut accroître le leadership et procurer la passion de l'excellence. Oui, le sport est une formidable école de la vie. Il m'a beaucoup appris, alors pourquoi pas vous ?

60.

Nos politiques doivent faire preuve de courage et entendre les citoyens qui « se lèvent » pour notre démocratie

Maryline Gygax Généro est médecin militaire et professeure agrégée du Val-de-Grâce. Après avoir été nommée en 2014 directrice de l'hôpital d'instruction des armées Bégin (Saint-Mandé), elle a dirigé de 2017 à 2020 le Service de santé des armées. Depuis, elle s'investit au Collège citoyen de France afin de promouvoir les citoyens acteurs de la solidarité nationale.

Je suis métisse, née dans une modeste famille lorraine. Mon père était sous-officier. Ma mère antillaise, institutrice. Soignée pour de l'asthme, j'ai dès l'enfance voulu être médecin. Afin de financer mes études, je suis entrée en 1976 dans l'armée. En tant que fille de militaire, cette institution ne m'effrayait pas.

À l'époque, les écoles d'officiers venaient de s'ouvrir aux femmes, dont quasiment aucune n'occupait un poste de commandement. J'ai ainsi fait partie de la quatrième promotion « féminisée » de médecins militaires. Avec beaucoup de travail et une adhésion totale aux valeurs de l'armée, je suis progressivement montée en grade. En 2017, en fin de carrière, je serai la première femme nommée directrice centrale du Service de santé des armées.

Auparavant cheffe de service de pneumologie à l'hôpital militaire de Metz, je suis devenue en 2001, à 42 ans, professeure agrégée de médecine aéronautique. Alors que la mission première des médecins militaires est de se tenir aux côtés des combattants pour les sauver et de faire en sorte qu'aucun blessé ne soit abandonné, je regrette profondément le fait d'avoir été, pour ma part, écartée des opérations extérieures. Il a fallu du temps en effet pour que l'armée accepte d'y envoyer des femmes. En revanche, dans le huis clos des consultations médicales, j'ai souvent été amenée à me pencher sur la question du courage au combat, en aidant des militaires à réfléchir et à apprivoiser leur peur de ne pas avoir la capacité mentale d'agir avec bravoure le moment venu.

Métaphoriquement, je pense que notre vie est également un combat de tous les instants. Nous devons faire face à des épreuves et, pour les traverser, trouver des ressources intérieures en puisant dans notre « force d'âme ». S'inspirer de modèles ou suivre un idéal plus grand que nous peut donner l'élan nécessaire. Pour moi, un héros n'est pas seulement quelqu'un d'exceptionnel qui se conduit avec éclat dans une situation tout aussi exceptionnelle. J'aimerais rendre ici hommage à l'une de mes aides-soignantes qui devait élever son enfant handicapé tout en travaillant dur auprès des patients de l'hôpital Bégin. Cette femme courageuse devait effectuer pour cela chaque jour des heures de transport en commun. Comment aider ces héros du quotidien, que sont également ces citoyens silencieux ? En les considérant et en répondant à leurs besoins.

Je souhaite donc que nos politiques soient attentifs à celles et ceux qui « se lèvent » pour nous. Qu'ils agissent sans vaines querelles, mais avec détermination. C'est pourquoi, après ma carrière militaire, j'ai cofondé en 2021 le Collège citoyen de France. Une « ENA du terrain » créée par un collectif d'artistes, d'entrepreneurs, de membres d'associations ou de hauts fonctionnaires. Son but ? Accompagner ces personnes qui ont justement mis leur énergie au service du bien commun en leur donnant les leviers pour collaborer et convaincre les décideurs politiques, voire pour qu'elles le deviennent elles-mêmes.

Notre classe dirigeante ne reflète pas la diversité de notre population : de genre, d'origine ou socioculturelle. Le Collège citoyen de France vise à remédier à cela. Partager les actions de ces citoyens qui (re)tissent les liens sociaux de notre société est une bonne solution pour vaincre le découragement et le pessimisme sévissant dans notre pays. Je rêve que les politiques publiques prennent en compte leurs visions, par essence plus proches des besoins des Françaises et des Français.

Parallèlement, comment développer en amont cette envie de faire de la politique au sens noble du terme, c'est-à-dire de prendre part à l'organisation de la Cité en vue de la rendre plus équitable ? Selon moi, cela s'apprend dès l'enfance. L'Éducation nationale devrait donc « éduquer » également sur les plages de temps périscolaire. Forger les citoyens de demain en faisant témoigner des bénévoles ou des dirigeants d'associations et en donnant envie de s'engager est, j'en suis convaincue, un excellent futur antidépresseur sociétal ! Ces pratiques existent, mais devraient être institutionnalisées. Transmettons autre chose à nos enfants que des compétences théoriques pures. Apprenons-leur le vivre-ensemble, à faire nation et à jouer plus tard leur partition pour bâtir une meilleure France demain.

61.

Aller vers la connaissance, la liberté et la démocratie

Jean-Daniel Lévy produit et analyse des enquêtes d'opinion depuis plus de vingt-cinq ans. Il s'est spécialisé dans l'identification des enjeux, des logiques et des dynamiques d'opinion. De nombreuses innovations en matière de recueil de données et d'analyse de l'opinion ont été opérées sous sa responsabilité afin d'aider ses clients à approfondir leurs stratégies. Il intervient également dans les plus grands médias au titre de ses fonctions de directeur délégué d'Harris Interactive.

Aujourd'hui, pour pouvoir interroger les citoyens dans les pays à régime autoritaire ou dictatorial, nous ne sommes pas confrontés à des problèmes techniques mais… politiques. En effet, dans de nombreux pays, on ne peut pas questionner les habitants.

On peut à l'envi gloser sur les sondages d'opinion. Critiquer leurs incidences sur le débat public. Remettre en cause leur poids supposé dans la décision politique. S'emporter contre la manière dont ils sont traités, lus, considérés. Ils constituent, malgré tout, un outil permettant aux citoyens de se faire entendre.

Corée du Nord, Érythrée, Soudan, Chine, Russie, Iran, Venezuela, Birmanie, Turkménistan, Kazakhstan, Ouzbékistan, Cuba, Syrie… Combien de pays interdisent ou contrôlent les sondages d'opinion ? La liste des zones géographiques dans lesquelles ces enquêtes sont, au mieux, réduites à la portion congrue est loin d'être exhaustive.

Évidemment, il y a un lien intime entre démocratie et sondages d'opinion. Il s'agit là, peut-être, de la preuve par l'absurde que leur présence est un signe positif de vitalité et liberté démocratique, mais aussi un signe d'une espérance. La progression de l'autorisation de produire et diffuser des sondages d'opinion illustrerait la croissance de la liberté dans le monde.

Quels regards portent les Chinois sur la transition énergétique ? Quel rapport ont-ils à l'histoire, à la place centrale jouée par le passé et qu'aspire à jouer la Chine à l'avenir ? Comment jugent-ils le développement des nouvelles technologies ? Que pensent les Russes de la guerre ? Quel est leur moral ? Quelles sont leurs anticipations ? Les Nord-Coréens sont-ils satisfaits de leurs conditions de vie ? Les Cubains déifient-ils Che Guevara comme c'est encore le cas dans de nombreuses démocraties occidentales (la France en premier) ?

Comment est-il possible au XXIe siècle de ne pouvoir disposer d'une « opinion mondiale » ? Comment, alors même que les données sur la consommation, les comportements, le PIB, les émissions de CO_2... sont en accès libre et diffusées, nous ne parvenons pas à savoir ce que pensent au fond d'eux-mêmes les citoyens quel que soit leur emplacement dans le monde ? Pour l'instant, les recueils d'opinion sont inconcevables. Il n'est qu'à voir les exigences d'Esomar (Société européenne d'opinion et d'études de marché existant depuis près de soixante-dix ans et constituant l'association mondiale de la recherche) en matière de sondages d'opinion et d'enquêtes publiées. Il est explicitement indiqué : « comprenez et conformez-vous aux lois en vigueur dans le pays où l'enquête est menée ».

Je n'évoque pas ici les sondages politiques (chaque rêve en son temps). Mais, déjà, les études d'opinion. Et ce afin de savoir ce que pensent les personnes. Pas de leurs représentants politiques, pas des candidats, pas de leurs dirigeants, mais de sujets sociaux et sociétaux, d'intentions de comportement, de compréhension des enjeux qui traversent le monde.

Nous pourrions ainsi éviter de nous en tenir aux impressions, aux sentiments, aux intuitions ou encore – pire – aux préjugés. Notre monde n'aurait qu'à gagner de dépasser les imprécisions.

Alors oui, je fais un rêve. Le rêve d'aller vers la connaissance, vers la liberté. On pourra m'objecter qu'il existe d'autres signes de liberté ou d'accès à la connaissance que l'autorisation de publication de sondages. Assurément. Mais à l'inverse, on peut rétorquer que l'interdiction de ceux-ci est la marque d'un pays cornaqué. Laisser le peuple parler – même indirectement – est la marque d'un respect et d'une considération. Que ce peuple existe en tant que tel et qu'il a *voix au chapitre.* On peut enfin rappeler que dans les pays où sont apparues les enquêtes d'opinion, la démocratie est survenue. Ainsi, en Pologne, les sondages d'opinion ont joué un rôle crucial en reflétant le soutien public au mouvement Solidarność et aux réformes démocratiques, ce qui a aidé à légitimer le processus de transition. Ils ont été un outil formidable de la transition en Afrique du Sud au milieu des années 1990. En Indonésie, en Espagne après la mort de Franco ou encore au Chili, les enquêtes d'opinion ont précédé ou accompagné le passage vers la démocratie. Existe-t-il de meilleurs signes ? Assurément. Mais tels des micro-organismes qui apparaissent dès lors que la vie est possible, la mesure des opinions préfigure de plus grandes libertés.

62.

Envoyer un Français sur la Lune dans les dix prochaines années : un rêve d'audace et de cohésion nationale

Pascal Lorot est économiste et géopoliticien. Ancien membre de cabinets ministériels, ancien chef économiste de Total ou encore ex-conseiller du président de la BERD, il est l'auteur de plus d'une vingtaine d'ouvrages et aujourd'hui le président de l'institut Choiseul.

Les Jeux olympiques et paralympiques de Paris ont été bien plus qu'un simple événement sportif ; ils ont ravivé une liesse populaire et insufflé à la France un élan de confiance en elle-même comme on n'en avait pas connu depuis des décennies. Dans un monde « plein de bruit et de fureur » – selon l'expression empruntée à Shakespeare – où les défis technologiques, environnementaux, sociaux et sociétaux sont toujours plus nombreux, la France se trouve aujourd'hui à la croisée des chemins. Le moment est venu de se tourner vers un nouveau défi qui mobilise, un défi aussi qui transcende les frontières terrestres et nous projette vers l'avenir : envoyer un Français sur la Lune dans les dix prochaines années.

La France a toujours été un pays d'innovation et d'audace. De la révolution industrielle à l'invention de la photographie en passant par le développement du train à grande vitesse, notre nation a su se placer à la pointe des avancées mondiales. Cette tradition d'excellence se prolonge aujourd'hui dans la conquête spatiale. Avec Thomas Pesquet, figure emblématique de l'aventure spatiale française, nous avons prouvé que notre pays pouvait se distinguer au sein des missions internationales parmi les plus prestigieuses. Au total, dix spationautes français ont effectué des vols spatiaux, contribuant à des missions internationales d'envergure. Parmi eux, Jean-Loup Chrétien, Patrick Baudry ou encore Claudie Haigneré, la seule femme française à ce jour à avoir voyagé dans l'espace. Leur parcours et leur expérience témoignent des talents et des compétences sur lesquels la France peut s'appuyer.

Aujourd'hui, face à ses divisions et à ses doutes, la France a besoin d'un projet fédérateur capable de rassembler la nation tout entière dans le temps long. Dressant le portrait d'une société désenchantée en proie à un fort sentiment de découragement et de colère, l'enquête « Fractures françaises » (Ipsos-Sopra Steria, 2023) révèle que 82 % des Français ont le sentiment de vivre dans un pays en déclin, un chiffre en hausse de sept points par rapport à l'année précédente. Confrontés à l'archipélisation du corps social, il nous faut, me semble-t-il, forger un projet collectif qui réveille la fierté d'être français et mobilise l'ensemble de la population, au-delà des clivages culturels, sociaux, religieux ou géographiques. À l'heure où le besoin de cohésion se fait sentir d'un bout à l'autre du territoire, le projet d'envoyer un Français sur la Lune incarnerait un nouvel élan, une projection vers demain. Dans un monde où l'individualisme tend à prendre le pas sur le collectif, ce défi « lunaire » peut être une source d'inspiration pour toute la nation. Plutôt que de se reposer sur les seuls exploits du passé, pourquoi ne pas construire ensemble un futur fondé sur l'audace et l'exploration ?

Les perspectives sont d'ailleurs bien réelles. Le programme Artemis, initié par la Nasa en collaboration avec ses partenaires internationaux, dont l'Agence spatiale européenne (ESA), vise à renvoyer des humains sur la Lune d'ici 2026. La France, *via* l'ESA, participe activement à ce programme, notamment à travers le module de service européen pour le vaisseau *Orion*. Cette participation n'est pas seulement technique, elle est aussi symbolique. Elle montre que la France est prête à jouer un rôle majeur dans l'exploration lunaire et qu'elle peut légitimement espérer voir l'un de ses spationautes participer à une mission vers la Lune.

La réalisation de ce rêve reposera sur une volonté politique et une vision partagée. Un tel projet doit être porté par l'ensemble de la nation et vu comme une opportunité de renforcer la cohésion nationale. Il s'agit d'unir nos forces autour d'un objectif commun, d'inspirer les jeunes générations et de prouver que l'avenir de la France se construit aussi dans les étoiles. Un acte de foi en notre capacité à innover et à rêver. La France le mérite.

63.

Ne jamais redouter l'échec

Depuis juillet 2020, Alexandre de Navailles est directeur général de Kedge Business School. Faisant de son profil non académique une force, il y diffuse avec détermination le même état d'esprit optimiste et « combattant » que lorsqu'il était dirigeant au sein du groupe Hertz, en France et à l'international.

Confronté à des défis personnels ou professionnels à relever, je ne me suis jamais laissé abattre. Et je me suis accompli dans le travail et l'effort. J'ai d'abord suivi, sans savoir réellement si c'était ce que je devais faire, des études en finance et en fiscalité à l'université Paris-Dauphine. En ce début des années 1990, il s'agissait de l'une des voies royales permettant d'accéder au secteur bancaire et financier. J'ai aimé l'autonomie offerte, de travailler en petits groupes et l'accessibilité d'un corps professoral à l'écoute.

Je n'ai pas ensuite trouvé de sens à exercer un premier emploi chez UBS, où j'étais en lien constant avec des traders. Malgré un bon salaire, j'ai donc décidé de partir à Londres afin d'effectuer un stage au siège européen d'Hertz. J'y resterais plus de vingt ans !

Ce que j'appréciais dans mon nouveau métier, c'était son pragmatisme. Il fallait trouver quelle voiture correspondait à quel client, à quel prix, le tout formant un résultat logique. L'organisation de cette entreprise américaine, privilégiant une hiérarchie horizontale, me convenait parfaitement. Mon investissement m'a valu une embauche rapide, et j'ai ensuite vite gravi les échelons.

En 2020, lorsque l'on m'a contacté pour diriger Kedge Business School, j'étais président de la filiale française du groupe Hertz. J'ai accepté de bifurquer vers l'enseignement supérieur, cela donnait un sens nouveau et inspirant à ma carrière. De plus, piloter une entreprise ou une école de commerce présente certaines similitudes. J'applique pour ma part, comme je le faisais chez Hertz, un management ferme et franc, tout en restant humain. Pour moi, un bon manager doit avant tout faire confiance à ses équipes, quitte à les laisser commettre des erreurs pour qu'elles en tirent des leçons. Aujourd'hui, je réside à Paris, mais me déplace souvent à Marseille et à Bordeaux, nos deux campus historiques.

Lors de leur recrutement, je constate que certains jeunes sont rongés par l'écoanxiété. Je réagis en leur disant que c'est à eux de mener les transitions sociales et environnementales nécessaires. J'essaie ainsi de faire en sorte qu'ils ne cèdent pas au catastrophisme actuel, entretenu par le discours des médias. Plus globalement, les Français se plaignent de ce qui va mal au lieu de chercher des solutions.

À la direction d'Hertz, nous avons traversé des hauts et des bas, y compris la crise financière de 2007-2008. Cependant, nous avons su rebondir en développant des plans d'optimisation rigoureux en réponse à la situation. Dans la vie, je suis persuadé qu'il est essentiel de toujours aller de l'avant, peu importe les obstacles.

Côtoyer les leaders de demain de Kedge Business School est très stimulant. J'essaie de nourrir leur esprit combatif, et, contrairement aux idées reçues, nos étudiants ne proviennent pas tous de milieux favorisés. S'ils ont réussi à intégrer l'école à force de travail et d'ambition, certains l'ont fait après deux années intensives de prépa, d'autres, par le biais des admissions parallèles.

À l'instar de cette jeunesse ambitieuse, je pense que nous devons l'être davantage en France pour étoffer le tissu entrepreneurial. Les grandes entreprises pourraient ainsi accompagner les plus petites afin de permettre leur développement économique. Par ailleurs, des systèmes de mentorat pourraient être encouragés afin d'inciter les Français les plus éloignés de l'entrepreneuriat à se lancer en s'appuyant sur des rôles modèles. Peu importe si l'on échoue, il suffit de recommencer.

L'éducation doit justement être cet endroit où l'on apprend à apprendre. Et, pour ce faire, à ne pas redouter l'échec. Dans notre pays, si un enfant obtient une mauvaise note, les enseignants ont tendance à le blâmer, alors qu'au Royaume-Uni, ils l'encouragent ! Notre système éducatif doit donc aussi enseigner le savoir-être. Faire la part belle au courage et à l'esprit d'initiative. Au risque de paraître ringard, j'aimais bien l'émission *Ambitions* de Bernard Tapie (diffusée un an sur TF1 de 1986 à 1987).

Les Français sous-estiment le pouvoir de la résilience humaine. Nous nous sommes bien relevés de la Seconde Guerre mondiale ! Pensons à Churchill, ce « Vieux Lion » qui a bravé l'Allemagne nazie à un moment où d'autres dirigeants baissaient les bras. Face aux problèmes, il existe toujours une solution.

64.

Notre système éducatif doit former des Français plus innovants et confiants

De formation juridique, Garance Pineau devient, en novembre 2023, directrice générale du Mouvement des entreprises de France (Medef). Engagée auprès d'Emmanuel Macron dès 2017, elle assure des postes clés dans différents ministères et à l'Élysée et reste profondément convaincue que l'Éducation nationale doit se réformer afin que les Français aient, et fassent vivre, le goût de l'aventure collective.

J'ai pris la direction du Medef en novembre 2023, alors que mon parcours ne m'y prédestinait pas. Enfant, j'ai eu la chance de vivre ma scolarité dans une école basée sur une pédagogie singulière : Waldorf. J'y ai reçu un mode d'enseignement horizontal, fondé sur l'idée que l'on apprend mieux par l'expérimentation et la coopération. La façon dont nous sommes éduqués influe durablement sur la qualité de nos futures interactions sociales et donc sur notre capacité à travailler plus tard en collectif.

Par le goût de l'altérité, de l'Europe, et de l'ouverture sur les arts, ce système éducatif a structuré mes choix de vie. Je lui dois mon aspiration de jeunesse à travailler pour le respect des droits humains et des réfugiés à l'ONU, et celle – moins romantique mais aussi essentielle – à faire dialoguer organisations syndicales, patronales et gouvernements à l'Organisation internationale du travail (OIT). Je lui dois d'avoir contribué, à mon échelle, à l'élan de l'élection du président de la République en 2017 et aux années qui suivirent – comme conseillère diplomatique de la ministre du Travail, Muriel Pénicaud, à En Marche, comme directrice de cabinet du ministre en charge de l'Europe, Clément Beaune, puis comme conseillère Europe du président de la République. Je lui dois enfin d'avoir rejoint le Medef comme Directrice générale, auprès de Patrick Martin, pour accompagner et défendre les entreprises – c'est-à-dire ceux qui créent de la valeur, et des emplois, qui innovent et investissent, pour eux et pour les autres. Ces forces, sous-estimées dans notre pays, contribuent à changer le monde.

Ce parcours m'a amenée à comprendre la variété des pratiques pédagogiques en Europe. Il est désormais établi que la France se caractérise par un enseignement très « vertical », avec les résultats que l'on connaît dans les classements internationaux. Celui-ci se base sur des cours magistraux et l'assimilation de connaissances, non sur les travaux en groupe, l'expérimentation et l'échange, comme dans les pays nordiques et anglo-saxons. Nos élèves subissent aussi, plus que d'autres, la loi d'un classement anxiogène, nourrissant bien souvent le découragement et donc le décrochage, et ce dès le collège.

Résultat, parce que la coopération n'est pas « naturelle », la défiance se retrouve ensuite partout dans notre société. Celle des Français entre eux, mais aussi celle qu'ils nourrissent envers leurs institutions et plus globalement leurs élites. Le pessimisme et son corollaire, la difficulté à prendre des risques, freinent également notre capacité à créer et à aller de l'avant. Mais nous pouvons changer de logiciel en adoptant la méthode « *Moonshot* » : c'est en se donnant des objectifs élevés et clairs, en y concentrant des moyens encore plus ambitieux puis en laissant pleine latitude aux acteurs, que l'on réussit, comme l'ont fait les Américains avec, par exemple, le programme Apollo. Si nous renouons avec la confiance et le goût de l'aventure, nous pourrons devenir le pays le plus innovant du monde !

Concrètement : donnons-nous pour objectif la parité hommes-femmes dans toutes les filières scientifiques d'ici à dix ans, comme le suggère Xavier Jaravel[63]. Si le nombre d'ingénieurs diplômés a plus que doublé en vingt ans dans notre pays, en passant à 40 000 par an, il en manque encore au moins autant chaque année. La parité atteinte, la création de richesses et la redistribution qui s'ensuivraient seraient encore plus massives. Le réservoir de talents scientifiques et techniques inexploités est immense dans notre pays, et les effets macroéconomiques pourraient être gigantesques.

Pour cela instaurons à partir du collège une initiation à l'entrepreneuriat et à l'innovation. Développons un programme massif de mentorat, ouvert à toutes les femmes scientifiques en direction de toutes les collégiennes et lycéennes. Démocratisons ainsi l'accès aux formations et aux carrières scientifiques et techniques en permettant aux femmes, ainsi qu'aux personnes issues de milieux moins favorisés, de devenir ingénieures, scientifiques ou entrepreneuses de la tech !

La nation doit en faire un objectif prioritaire. Pour gagner le combat contre le pessimisme et le découragement, nous ne pouvons nous priver d'aucune compétence. Nos élèves et nos étudiants doivent donc pouvoir bénéficier d'un enseignement qui leur permettra de favoriser le lien social, d'agir en confiance et de regarder ainsi l'avenir avec optimisme. Osons les vraies réformes !

63 Économiste, lauréat du meilleur jeune économiste 2021.

65.

La devise des personnes handicapées « Rien ne se fera pour nous sans nous » doit être la norme dans notre société

Marie Rabatel est experte auprès de différents ministères dans la lutte contre les violences faites aux enfants et aux femmes en situation de handicap. Elle œuvre aussi pour les droits humains. Elle est cofondatrice et présidente de l'Association francophone des femmes autistes.

J'ai grandi dans une famille aimante qui m'a éduquée à l'acceptation et au droit à la différence. Mon enfance a été rythmée par des rendez-vous médicaux et des hospitalisations fréquentes loin de chez moi, pour d'autres raisons que les troubles du spectre de l'autisme que je manifestais.

À l'école, quand je n'étais pas absente, j'étais harcelée. Mes difficultés à comprendre des consignes, oraliser la bonne syllabe, rester assise ou encore jouer à la récréation ont en effet favorisé un rejet de mon autisme par un de mes enseignants, qu'il jugeait perturbateur pour la classe. Ce faisant, il a créé les conditions d'un harcèlement scolaire de la part des autres élèves.

Malgré toute cette violence que je subissais, mes parents ont fait le choix de ne pas avoir recours à l'institutionnalisation ; à défaut, je ne serais pas là aujourd'hui pour m'exprimer. Au collège, un professeur de sport a identifié chez moi des compétences sportives que j'ignorais. J'ai poursuivi ma scolarité en « sport-études ». Je concourais à des compétitions nationales et internationales d'athlétisme. Ce statut de sportive de haut niveau a par ailleurs changé le regard des autres. Je n'étais plus une « débile » mais une sportive. Peu m'importait de gagner. Je voulais ne plus percevoir mon corps uniquement comme un « objet » à soigner. Malheureusement, mon adolescence n'a pas été uniquement marquée par des réussites sportives.

J'ai subi un viol et des actes de barbarie.

J'avais 12 ans. Il avait incrusté la mort en moi. Mais je me suis encore plus accrochée au sport pour ressentir la vie en étant actrice de – et dans – mon corps. À 23 ans, pour des raisons de santé, j'ai dû arrêter la pratique sportive.

J'en ai profité pour tenir la promesse que je m'étais faite depuis mon enfance : être éducatrice une fois adulte, pour prendre soin d'enfants handicapés vivant des situations difficiles.

Embauchée dans un institut médico-éducatif (I[e]), j'ai orienté mon accompagnement vers la notion du choix, du consentement et du corps par le support de l'activité physique pour favoriser l'apprentissage du pouvoir décisionnel. Cela a duré quinze ans, jusqu'à ce que mon employeur apprenne que j'étais, moi aussi, autiste et décide de me licencier. Cette injustice m'a rendue plus forte.

Aujourd'hui, au vu de mon expertise profane, de mes parcours professionnel et associatif, je suis convaincue que les personnes en situation de handicap doivent être incluses dans toutes les dimensions de la société. Je ne parle pas seulement de l'accès primordial à l'école ou au travail, mais bien d'inclusion au sens large. D'égalité des droits. La France se doit de respecter son engagement découlant de la signature, en 2010, de la Convention relative aux droits des personnes handicapées des Nations unies. Il est notoire de constater que les politiques publiques sont pensées sur nous et non avec nous, ce qui les éloigne de la réalité. Par exemple dans les enquêtes et les sondages commandités par les politiques ou les associations, les personnes handicapées sont quasi systématiquement oubliées des rapports. Le manque d'accessibilité du recueil de leur parole reste un des facteurs d'exclusion du panel.

Prenons le cas des femmes vivant en institution ou non : leur invisibilisation a pour conséquence de participer à l'omerta des violences sexuelles qu'elles subissent en tout lieu. *Idem* pour les enfants handicapés, qui en sont jusqu'à cinq fois plus victimes.

Pourtant toute politique publique doit prendre en compte les difficultés rencontrées par les plus vulnérables, sinon, tôt ou tard, elle devra être réexaminée.

Pour conclure, il convient de souligner aussi qu'il ne faut pas tout attendre des autres. Tout changement doit impérativement commencer par soi-même, j'en suis convaincue. Aujourd'hui, je suis actrice dans l'élaboration de politiques publiques et la fabrique de la loi. Ainsi, cette intelligence collective a permis aux femmes handicapées en institution de bénéficier de leurs droits gynécologiques par le biais du dispositif Handigynéco, de créer des outils inclusifs de prévention des violences dans le sport, ou encore de briser peu à peu l'omerta des violences sexuelles en institution accueillant un public vulnérable. Et je constate chaque jour des améliorations pour que la devise « Rien sur nous sans nous » prenne tout son sens.

Mon parcours démontre qu'en agissant, les personnes en situation de handicap peuvent devenir des acteurs à part entière de la société et contribuer à sa transformation. Sous réserve qu'on utilise leurs compétences réelles, et qu'on ne se contente pas de pointer leurs difficultés, tout aussi réelles et qu'il ne convient pas d'ignorer.

L'espoir se conjugue dans toute la diversité de l'humain, tissons ensemble nos rêves pour illuminer demain.

66.

La France et les Français doivent devenir plus fraternels !

Après avoir travaillé dans des cabinets ministériels, Michel de Rosen dirige ou préside des entreprises. Il préside depuis 2017 le conseil d'administration du groupe technologique automobile Forvia, ainsi que celui de DBV Technologies (biopharmaceutique). Il a publié en 2023 un ouvrage sur la fraternité, sujet qui lui tient à cœur.

J'ai grandi dans une famille de « Russes blancs », prônant des valeurs fortes comme le sens du travail et l'altruisme. Chassés de la Russie par la Révolution, mes grands-parents avaient choisi de s'exiler en France. Ils pensaient que ce pays offrait la langue et la culture les plus belles au monde. Je suis le deuxième d'une fratrie de six, et l'un de mes frères est né handicapé. Une épreuve qui nous a secoués mais aussi soudés dans l'amour familial. La fraternité a donc d'abord été pour moi une réalité tangible avant d'être une cause à défendre.

Mon père rêvait d'être professeur. Mon grand-père l'en a empêché, le forçant à abandonner ses études à 18 ans pour prendre un emploi. S'il est devenu, plus tard, un chef d'entreprise à la vie bien remplie, il a toujours regretté de n'avoir pu enseigner et a tout fait pour que ses enfants fassent de bonnes études. Je lui en suis reconnaissant, ainsi qu'à ma mère. J'ai intégré l'École des hautes études commerciales de Paris (HEC), puis l'École nationale d'administration (ENA), pour ensuite servir l'État à l'Inspection générale des finances, ainsi qu'au cabinet du ministre de la Défense. De 1986 à 1988, j'ai été directeur de cabinet d'Alain Madelin (à l'époque ministre de l'Industrie).

Depuis 1988, je suis chef d'entreprise, en France et aux États-Unis. Comme mon père avait écrit un livre sur l'altérité qui n'a pas trouvé d'éditeur, je me suis promis de le « venger » en publiant le mien sur la fraternité (*Fraternité !*, Odile Jacob, 2023). Lors de l'écriture de mon précédent ouvrage sur l'égalité – un fantasme français selon moi –, j'ai constaté que l'on parle beaucoup dans notre pays de liberté et d'égalité, mais très peu de fraternité. Probablement parce que les premières sont des droits, alors que la troisième est un devoir.

La fraternité est victime d'un déclin lent, en France et ailleurs, que nous ne percevons pas encore dans toute sa gravité ni ses conséquences. Pas étonnant dès lors que les Français voient l'avenir de la nation en noir. Il y a un certain dandysme à être pessimiste, une posture à la Chateaubriand. À l'inverse, si l'on se déclare optimiste, on passe vite pour un benêt !

Face au découragement, il ne faut pourtant pas... se décourager. Que faire ? Ce n'est pas en développant davantage un « État-nounou » favorisant l'assistanat que cet état d'esprit négatif changera. Le meilleur remède à ce mal hexagonal est d'encourager la fraternité. Pourquoi ? D'abord, parce que c'est bénéfique, les études psycho-sociologiques le démontrent : avoir une relation bienveillante aux autres fait du bien, collectivement et personnellement. De plus, ce rêve d'un pays plus fraternel n'est pas utopique. Regardons autour de nous : beaucoup de Français font preuve de générosité, en témoigne leur engagement aux Restos du cœur, à la Croix-Rouge, aux Apprentis d'Auteuil, ou auprès d'une multitude d'autres associations.

Fort de ce constat, comment œuvrer globalement pour davantage de fraternité ? Il faut d'abord en parler autour de soi. Pour sensibiliser, convaincre, créer une dynamique puissante, un espoir. D'abord dans les écoles. C'est ce que je fais avec mon livre en intervenant au sein des établissements scolaires. Je constate à cette occasion que de très nombreux élèves ne savent pas ce qu'est la fraternité. Face à cela, les enseignants ont un rôle essentiel à jouer. Pourquoi ne pas imaginer que chacun d'entre eux traite ce thème fédérateur une ou deux fois par an ? Cela pourrait être également l'objet d'un cours plus « officiel », à l'instar de ceux d'empathie. Il faut aussi faire un effort dans les familles : tous les parents doivent échanger avec leurs enfants sur ce sujet capital. Et, bien sûr, montrer l'exemple.

Aujourd'hui, avec les réseaux sociaux, la société se polarise et les individus ont tendance à se regrouper en clans, autour de leurs idées. Nous devons apprendre, à tout âge, à accepter la différence. Chaque façon de penser mérite le respect. Apprenons à changer d'avis en écoutant les autres ! La fraternité permet cette tolérance et a l'avantage d'être multiple. On peut en donner de manière presque illimitée (un don, un pardon, une excuse, un sourire, une aide, un partage, un mentorat, une présence…) et en recevoir autant. De plus, la fraternité ne coûte aucun argent public. Pourquoi se priver de ce trésor magnifique ?

67.

Puiser dans ce qui est positif en France et s'inspirer de modèles

Ancienne nageuse de haut niveau, Flore Tairraz a été entraîneuse de natation, manager de centre aquatique et de remise en forme, puis directrice multisite de centres aquatiques et de remise en forme. En 2017, elle devient coach de la performance et veille à mettre l'humain et l'optimisme au cœur de ses accompagnements.

Athlète de haut niveau, j'ai évolué dès l'adolescence dans le monde de la performance. Ce qui m'a toujours animée, c'est de gagner ! Ainsi, à l'âge de 15 ans, après avoir été repérée, et beaucoup d'entraînements, je figurais parmi les dix meilleures nageuses françaises et participais à de nombreux meetings internationaux.

En parallèle à cette jeune carrière de sportive, j'ai suivi une formation à l'Institut national du sport, de l'expertise et de la performance, où j'obtiendrai un master Staps (sciences et techniques des activités physiques et sportives) et un diplôme d'entraîneuse de natation. Or, vingt ans après, cet institut m'a cooptée dans l'unité d'accompagnement de la performance afin de préparer mentalement des athlètes pour Paris 2024.

Actuellement, j'accompagne ainsi les membres de l'équipe de paradressage à performer dans des conditions optimales. Mon objectif est qu'ils se dépassent tout en se fixant des limites acceptables. J'essaie donc de les amener à leur plein potentiel, chacun à leur rythme, forte de mon expérience de coach. Un métier que j'exerce avec bienveillance depuis sept ans auprès de sportifs, de managers, de salariés, de dirigeants ou encore de mères de famille.

En effet, le terme de « performance » est un peu galvaudé aujourd'hui. Voilà pourquoi je l'aborde en y intégrant la notion de « respect » et d'« écoute de soi ». Le but étant d'atteindre l'efficience, mais pas à n'importe quel prix. Je crois que le mouvement vers le changement peut être lent, tant que nous nous engageons dans une dynamique ! C'est elle qui permettra de vaincre le découragement et le pessimisme, et de renouer avec le désir d'avancer.

Comme je suis persuadée que la dimension personnelle d'un individu est connectée au collectif, je rêve que chaque Français découvre en quoi l'héritage de notre pays résonne avec sa propre histoire afin qu'il s'en inspire et retrouve du sens. L'envie d'être « en vie ». Il faut savoir d'où l'on vient collectivement pour prendre sa juste place dans une société.

La France possède un patrimoine culturel et historique extraordinaire. On peut célébrer son excellence gastronomique ou, dans un tout autre domaine, son système éducatif ou sa langue. En cette période de Jeux olympiques, je dirais que chacun d'entre nous doit réussir à ranimer sa flamme intérieure. Par exemple, si c'est l'excellence culinaire française qui vous attire, qu'est-ce qui vous empêche de vous lancer dans un métier de bouche ? Ou, à votre niveau, d'inventer dans votre cuisine toutes sortes de plats ?

Plus globalement, nous devrions dans les médias ou *via* une plateforme multimédia publique et/ou des clips télévisuels adopter un discours plus positif en mettant en lumière des témoignages de Français résilients. Dans le même ordre d'idées, pourquoi ne pas créer des expositions itinérantes dans des bibliothèques ou des centres culturels qui inviteraient les visiteurs à découvrir des personnalités dont la France peut être fière ? Cela générerait un sentiment d'appartenance. Je pense ici à la flamboyante ex-ministre de la Justice Christiane Taubira ou au PDG du groupe Accor, Sébastien Bazin, qui fait un travail remarquable à la tête de l'une des plus grandes chaînes hôtelières du monde.

Tout est possible si l'on croit en son potentiel, et si le message affirmé et positif de l'autre est un véritable soutien. Nous avons tous un potentiel. Il suffit de mettre de l'énergie à faire ce qui nous plaît. Si certains ont plus de chance que d'autres dans la grande loterie qu'est la naissance, je suis convaincue que ces personnes moins favorisées au début de leur existence peuvent y arriver elles aussi en démarrant leur « moteur ». Et ce, même si leur chemin sera sans doute plus long.

Ma deuxième piste serait d'encourager la création de *workshops* ou de séminaires organisés par des mairies. Cela offrirait l'opportunité à chacun d'entre nous de définir, si ce n'est pas déjà fait, sa quête individuelle. Des mentors, des coachs, des psychologues pourraient nous aider par ailleurs à nous réaliser pleinement. Il est évident que les systèmes institutionnels, tout comme les entreprises, les collectifs et le secteur public, peuvent tirer bénéfice d'un même élan de modernisation et d'efficience. J'accompagne ces évolutions.

Soyons heureux d'entrer dans la danse de cette grande et belle nation qu'est la France. Chacun en choisissant la sienne. Les athlètes paralympiques auprès desquels j'ai le plaisir de travailler en ce moment prouvent qu'avec de la volonté, des efforts et un esprit positif, tout est possible. Alors, po-si-ti-vons !

VIVRE DIGNEMENT

68.

Sortir les maladies chroniques de l'ombre

Diplômée de l'Essec et de Centrale, Axelle Ayad travaille pour de grandes entreprises, puis fonde en 2018 la start-up Mapatho, une plateforme d'échange d'expériences entre patients et professionnels. Créatrice des Ateliers Mercure[64]*, un cercle de réflexion sur la santé, elle a aussi signé deux ouvrages sur la maladie chronique chez Débats Publics*[65]*.*

On m'a diagnostiqué une endométriose à 23 ans. Il y a encore dix ans, personne ne savait ce que c'était. Ensuite, j'ai cumulé les comorbidités : syndrome des ovaires polykystiques, troubles de la fertilité, arthrose,

64 Voir www.mapatho.com/ et www.les-ateliers-mercure.com/
65 *Lonely Patient* (2020) et *Happy Patient – Souriez, vous êtes malades chroniques !* (2022).

migraines, maladies de peau… Tout cela est sans doute plus ou moins lié.

La maladie chronique touche plus de 20 millions de Français[66]. Mais on n'a pas envie de le voir. La recherche sur l'endométriose est une misère par rapport au fléau qu'elle représente : en 2022, Emmanuel Macron a annoncé un plan de 30 millions. Puis on y a ajouté l'infertilité, la ménopause… Et on s'est retrouvés avec 30 millions pour la recherche pour l'ensemble de la santé des femmes[67] en pensant que tout relevait à peu près de la même chose.

Or les maladies chroniques ont des conséquences aberrantes. Des métiers deviennent inaccessibles, on ne peut pas être pompier avec un diabète de type 1. Durant vos études, si vous tombez malade, vous pourrez être recalé aux examens, y compris si vos absences sont médicales et justifiées.

Financièrement, le reste à charge est impressionnant. Les coupes budgétaires réduisent la prise en charge des affections de longue durée, soit d'une maladie chronique sur deux[68].

66 « En 2021, les problèmes de santé chroniques ou durables concernent 37,5 % des personnes âgées de 16 ans ou plus », selon l'Insee : www.insee.fr/fr/statistiques/7666863?sommaire=7666953
67 Budget du Programme prioritaire de recherche (PEPR) « Santé des femmes et santé des couples » issu de la Stratégie nationale contre l'endométriose. Voir https://bit.ly/3KM5qeK
68 Voir https://bit.ly/3XsomH0

Et si vous vous absentez plusieurs fois dans l'année pendant une semaine du fait de la maladie, les trois jours de carence sur les arrêts de travail ont un fort impact économique. Il y a aussi la difficulté à trouver un emploi adapté. Être en caisse, prendre les transports, rester debout… c'est très compliqué avec une endométriose, une arthrose, une polyarthrite rhumatoïde.

Tout cela entraîne une paupérisation des malades chroniques et vous fait sentir à la fois coupable et inégal par rapport aux autres. Les malades chroniques ont trois fois plus de risques de dépression sévère ou de détresse psychologique[69]. Cependant, leur santé mentale est un sujet dont on ne parle pas.

Je rêve que toutes les personnes avec des soucis de santé incurables vivent aussi dignement que les autres.

Mais le gros problème des maladies chroniques est que l'on ne dispose pas d'observatoire ou d'étude qui identifie les trajectoires types des patients. L'endométriose touche 1 femme sur 10, mais on ignore le taux d'invalidité à cinq ans après une opération, ou à l'âge de 50 ans.

Face au risque dû au manque de connaissances, les assureurs… n'assurent pas. Vous voulez acheter une maison ? Il faut remplir un questionnaire médical pour tout

69 Le risque de dépression est 3,61 fois plus élevé chez une femme atteinte d'endométriose : https://pubmed.ncbi.nlm.nih.gov/36652249/ (en anglais).

prêt à partir de 200 000 €. Même en gagnant 10 000 € par mois, si vous êtes diabétique, vous risquez de ne pas obtenir d'assurance (donc de prêt), ou que la pathologie en soit exclue. Vous payez ainsi jusqu'à 10 % du prix du prêt pour une assurance qui ne jouera pas si vous êtes en incapacité de rembourser à cause des conséquences de la maladie !

Il faudrait donc absolument mettre en place un équivalent de l'Institut national du cancer (INCa) pour les maladies chroniques principales, afin de suivre les trajectoires et d'en savoir plus sur les risques. Je préconise également la création d'une délégation interministérielle aux maladies chroniques pour travailler sur ce type de décisions et sur la transparence.

Il y a une opacité totale dans les conditions d'assurance d'un malade chronique. Des gens économisent pour un voyage, prennent une assurance à 200 € mais, n'ayant pas la connaissance des conditions générales et des exceptions, se retrouvent à payer pour des garanties dont ils sont exclus. Une assurance voyage complémentaire ne vous prend pas en charge si vous avez un problème lié à une maladie antérieure (diabète de type 1, épilepsie…). Mais c'est écrit dans les petites lignes. Il faut des clauses plus claires, ou au moins expliquer les choses !

Les maladies chroniques, ce sont ainsi des millions d'histoires, de souffrances.

Les malades chroniques sont les futurs Gilets jaunes. Nous sommes de plus en plus nombreux à nous révolter. Nous rencontrons des problèmes énormes, aberrants, que l'on tait encore aujourd'hui, et que l'on ne pourra plus taire demain.

69.

Redonner sa juste place à la diversité

*Virginie Delalande incarne la résilience et la détermination. Première personne sourde profonde à devenir avocate, elle ne cesse de briser les barrières pour prouver que la différence est une force. Elle est l'auteure d'*Abandonner ? Jamais ![70] *et a animé l'émission* B-inspired *sur B Smart*[71]*. Son credo ? « Je ne suis pas ce qu'il m'arrive, je suis ce que je choisis d'être ! »*

Un jour, lors d'un déjeuner avec une DRH chevronnée au profil très international d'une société du CAC 40, je lui demande : « par curiosité, vous est-il arrivé, une fois dans votre carrière, de donner des responsabilités à une personne en situation de handicap ? »

70 Éditions Kawa, 2020.
71 www.bsmart.fr/emissions/b-inspired

Seul le silence me répond… Puis elle me murmure :

« Non… Et ce n'est pas le pire !

— C'est-à-dire ?

— En fait, je n'y ai même jamais pensé. »

Cette réponse résume un problème profond. Pour beaucoup, la diversité est perçue comme un obstacle plutôt qu'une opportunité. Beaucoup de managers voient la diversité comme un synonyme de difficulté, de mésentente et d'absence de performance.

Factuellement, nous sommes tous différents physiquement, dans notre façon de vivre, de raisonner. Heureusement ! Pourtant l'intégration reste reine : « on vous accepte seulement si vous vous adaptez à nos règles, même si elles sont irréalistes ou douloureuses pour vous. » Or, aujourd'hui, ce qui est attendu, c'est l'inclusion., c'est-à-dire : « je te prends comme tu es, et dansons ensemble, sur une mélodie que nous inventerons. »

Mon rêve est de redonner sa juste place à la diversité !

Si on la voyait comme une richesse ? Si on en appréciait son côté positif, coloré ?

Au début du XXe siècle, la standardisation constituait un facteur de performance (le travail à la chaîne, les *process*…). Un siècle plus tard, tout est encore développé, y compris l'intelligence artificielle (IA), par rapport à un certain standard : masculin, à la peau claire, de 1,75 m… Et ensuite, on se dit : « Zut, ça ne marche pas pour les autres ! » Le pire ? C'est vrai même pour les hommes qui ont le malheur de ne pas répondre à ces critères. Et si nous prenions plutôt conscience d'une réalité simple : si l'on additionne toutes les diversités, leur nombre est impressionnant par rapport à celui associé au standard ? La majorité se plie à une infime minorité…

Aujourd'hui, grâce à nos connaissances, avec l'essor de la tech et de l'IA, la recherche de la performance devrait plutôt passer par la personnalisation et par notre capacité à utiliser ce qui existe déjà, mais reste confidentiel et sous-exploité – car incarné, porté par la diversité qui a développé une intelligence d'adaptation.

Deux illustrations. La gestion du quatrième âge pose de nombreux défis, notamment la question de l'autonomie, la diminution de la force physique, une santé qui se fragilise… Ne voyez-vous pas que les personnes handicapées ont déjà vos solutions ? L'école doit aussi relever un véritable défi d'adaptation : chaque enfant a son rythme et sa manière d'apprendre ! Pourquoi continuer à classer par âge, plutôt que par niveau d'apprentissage, comme on le fait avec les étrangers qui apprennent le français ?

Apprenons aussi à réfléchir en termes de besoins : les escaliers ne sont pas inconfortables seulement pour les fauteuils roulants. Ils le sont aussi pour les valises, les livraisons, les personnes âgées, les poussettes, ceux qui ont mal aux membres inférieurs, les déménageurs…

Et si nous mettions enfin le progrès au service des vrais besoins de l'humanité ?

Imaginons qu'on prenne ces besoins et cette diversité en considération dès la conception d'un produit, d'un service ou d'un parcours client… Quel gain de temps et d'argent !

Lorsque je parle de diversité, certains me rétorquent : « Il faut en passer par la voie légale pour faire évoluer les choses ! » Je veux bien, mais seulement si les gens respectent la législation, si la justice est rapide… Ce n'est pas ce que je constate !

Et que dire des quotas ? Par principe, je suis contre. Je n'aime pas cette idée d'être sélectionnée pour ma forme de diversité plus que pour mes compétences. Néanmoins, force est de constater que pour les femmes et les handicapés, il y a une évolution intéressante. En même temps, une étude a démontré que pour que la diversité ait du poids, il faut qu'elle représente au moins 30 % d'un effectif[72].

Par expérience, le fait d'accueillir sans jugement toute personne, même celles n'entrant pas dans le moule attendu, nous aide à faire tomber nos propres masques, accepter nos singularités et à nous connecter

72 Voir https://bit.ly/4esfQxN

à notre propre richesse, celle qui nous rend si profondément vivants !

Et si nous acceptions enfin que « laisser la diversité prendre sa juste place » est un merveilleux service que l'on rendrait à l'humanité tout entière ? Osons juste essayer…

70.

En finir avec la précarité alimentaire en France

Christiane Lambert est une éleveuse de porcs et la première femme à assurer la présidence de la Fédération nationale des syndicats d'exploitants agricoles (FNSEA) en 2017. Elle y restera jusqu'en 2023, tout en présidant, depuis 2020, le Comité des organisations professionnelles agricoles (Copa), une organisation syndicale dans laquelle elle défend la souveraineté alimentaire européenne.

J'ai la chance d'être née dans un bon berceau et d'avoir hérité de mes parents agriculteurs le goût du travail, ainsi que de belles valeurs terriennes et chrétiennes comme celle d'être utile aux autres. Avec ma fratrie, nous avons vu notre père et notre mère travailler dur dans leur exploitation du Cantal pour nous offrir de meilleures conditions de vie, aussi je sais combien il faut d'efforts et de persévérance, parfois de sacrifices, afin d'y parvenir. Certes, nous n'étions pas riches, mais nous ne manquions de rien. Il n'était pas question de vacances, mais la bonne humeur et une grande solidarité familiale nous portaient dans les travaux à accomplir. C'est comme cela que j'ai attrapé le virus de l'agriculture, menant vers un métier exigeant, et tourné vers les autres puisqu'il vise à les nourrir !

Ces valeurs m'ont accompagnée tout au long de ma vie d'agricultrice, de responsable syndicale (je suis tombée dans le bain du syndicalisme très jeune) et de mère de famille. Mes enfants disent d'ailleurs de moi que je suis un vrai « saint-bernard ». Au Centre national des jeunes agriculteurs (CNJA), dont j'ai été présidente de 1994 à 1998, et à la Fédération nationale des syndicats d'exploitants agricoles (FNSEA), où j'ai exercé les fonctions de vice-présidente, puis de présidente à partir de 2017, je consacrais la majeure partie de mon temps à prêter une oreille attentive aux sollicitations des agriculteurs.

Si être à la tête du premier syndicat agricole était prenant, je n'ai jamais oublié la dimension sociale de mon métier. J'ai conscience de la fragilité de l'accès à l'alimentation dans notre pays, et des inégalités que celle-ci engendre. Ce qui explique mon implication pour développer Solaal dans différentes régions, une association qui fait le lien entre le don de produits agricoles et les banques et associations d'aide alimentaire. Je m'engage en parallèle auprès de l'association Les Agriculteurs ont du cœur, afin de trouver des solutions à la précarité alimentaire.

Il y a urgence à agir puisque cette dernière est en hausse, notamment chez les jeunes et les retraités, la crise du Covid-19 ayant aggravé cette tendance lourde. En tant que productrice de denrées agricoles, il m'est insupportable en effet que mes concitoyens ne puissent satisfaire leur besoin vital de se nourrir, au péril de leur santé, mais également au mépris de leur dignité.

J'ai pu aussi appréhender à travers l'ONG Agriculteurs français et développement international (Afdi) combien il est important, dans les pays du Sud, de permettre aux populations de manger à leur faim, malgré un manque criant de moyens, pour que celles-ci puissent justement rester dignes. Debout.

En France, je déplore que la société de consommation et du paraître nous éloigne de l'essentiel, même si, heureusement, des bastions de solidarité subsistent dans des organisations comme Les Restos du cœur ou le Secours populaire. Libre à chacun de s'y investir ! À celles et ceux qui doutent de l'intérêt de donner du temps aux autres, je souhaite dire : « Croyez en mon expérience, il y a du bonheur dans l'engagement bénévole. Il procure un sentiment d'utilité et on s'y épanouit comme nulle part ailleurs. De plus, on fait des rencontres enrichissantes. »

J'en appelle également à l'État, qui a tout intérêt à faire de cette cause de la précarité alimentaire une priorité nationale, car bien se nourrir est un vecteur de cohésion sociale et de stabilité démocratique ! L'accès à l'alimentation ne doit pas conduire à une fracture ou à une discrimination sociale. Lorsque je présidais la FNSEA, j'ai défendu l'instauration d'un chèque alimentaire, un dispositif qui pourrait se baser sur le modèle des chèques-vacances.

Enfin, comme l'illustre la guerre en Ukraine menée par la Russie, l'alimentation peut devenir une arme, ce qui est dramatique. Notre pays doit veiller à garantir au maximum la production et l'accessibilité des denrées de première nécessité. D'autant que ceux qui sont le plus pénalisés par la hausse des prix sont les plus précaires. Alors j'invite le plus grand nombre à se mobiliser pour une France sans précarité alimentaire. C'est mon vœu le plus cher. Un rêve réalisable grâce à l'engagement de tous !

71.

Ouvrir à tous le champ des possibles

Diplômée de Sciences-Po Paris, ancienne avocate, Patricia Moulin Lemoine est notamment présidente du conseil de surveillance du Groupe Galeries Lafayette, membre du conseil d'administration de Carrefour *et du conseil du fonds de dotation de l'Adie*[73]*, et vice-présidente de la French-American Foundation*[74]*. Elle a participé à l'ouvrage* Ville Makers : dix femmes, dix villes idéales *(Débats Publics, 2022).*

J'ai conscience d'être extrêmement privilégiée. Quand les élites peuvent très aisément poursuivre des études, d'autres doivent emprunter un chemin bien plus difficile

73 L'Association pour le développement de l'initiative économique, fondée en 1988 par l'économiste Maria Nowak, facilite l'accès au microcrédit et accompagne les créateurs de microentreprises (quelque 300 000 à ce jour) : adie.org
74 La FAF promeut « le dialogue transatlantique au plus haut niveau et dans tous les domaines » : french-american.org

sur le plan de l'éducation, puis de l'emploi. Dans notre société, bénéficier du bon réseau est un immense privilège.

Promouvoir la justice et le respect de la dignité a un impact direct sur la paix sociale. S'il n'existe aucune perspective, nul espoir de progresser ou de voir progresser ses enfants. Le résultat est la montée des extrêmes, en particulier du Rassemblement national, qui est le fruit du mépris social des élites pour les populations en difficulté.

Aussi mon rêve est-il d'ouvrir le champ des possibles pour tout le monde, dans une société plus inclusive, une société d'espoir.

Pour cela, nous devons débloquer l'ascenseur social, qui dépend d'éléments structurels, mais aussi personnels. Par exemple, une de mes amies a été proviseur à l'étranger dans des lycées prestigieux ; en rentrant en France, elle a choisi de travailler dans des établissements difficiles de banlieue. J'ai été frappée par la façon dont elle en a remonté le niveau, et donc par l'importance du facteur individuel pour dynamiser un collectif d'enseignants qui manifestement ne demandaient qu'à se mobiliser.

Il faut bien sûr revaloriser le métier d'enseignant. Mais il faut aussi nommer les meilleurs dans les endroits les plus difficiles – « meilleurs » en termes d'expérience et de pédagogie, non de niveau académique. Tout professeur connaissant sa matière, la question essentielle est :

comment la transmettre ? Il faut replacer la pédagogie au cœur de l'éducation.

C'est la même amie qui m'a fait connaître Bibliothèques sans frontières[75]. L'association propose une sorte de box (conçue par Philippe Starck !) qui se déplie et abrite de l'informatique, des livres, bref, tout un matériel culturel[76]. Il est crucial de développer cet accès à la culture pour les jeunes des quartiers en difficulté et de ne pas les cantonner à des emplois purement manuels, en se disant qu'ils ne sont capables que de ça. Certaines collectivités locales agissent d'ailleurs aussi en ce sens. Il faut ouvrir des perspectives et des horizons à des jeunes en difficulté. Ce qui n'empêche pas, en parallèle, de revaloriser ces métiers, dont on manque cruellement, que l'on a applaudis pendant le Covid et que, une fois le confinement terminé, on a recommencé à traiter mal, à l'instar des aides-soignantes.

Car certains adultes ont un champ tout aussi fermé que les jeunes, avec pour seules perspectives des petits boulots informels ou sans intérêt, ou le chômage[77]. C'est ce qui

75 L'ONG fondée en 2007 par l'historien Patrick Weil mène des actions dans 30 pays. En France, elle intervient notamment dans les quartiers politiques de la ville et en zone rurale : bibliosansfrontieres.org

76 L'IdeasBox est une minimédiathèque en kit : bibliosansfrontieres.org/nos-actions/le-lab/

77 Dans les quartiers politiques de la ville, le taux de chômage reste deux fois supérieur à la moyenne nationale. Il y atteint environ 30 % chez les moins de 30 ans (voir https://bit.ly/45Ui5G9). Les emplois y sont aussi fortement « ubérisés » (voir https://bit.ly/3zDw5rO).

fait toute la valeur de l'Adie, qui mobilise des bénévoles pour développer le microentrepreneuriat – par exemple, en aidant des gens à passer du secteur informel à une structure légale et déclarée. Des personnes qui, seules, ne seraient pas capables de créer leur microentreprise se montrent très compétentes dans le business qu'elles veulent monter. Je me souviens d'une femme qui vendait des vêtements, elle avait été seule en Chine pour développer ses réseaux de fournisseurs.

Il existe ainsi des capacités d'action qui ne demandent qu'à s'épanouir si on les soutient ! Et qui donnent de la dignité.

Il est grand temps de remettre en route l'ascenseur social et, pour cela, il faut s'appuyer sur toutes les initiatives citoyennes qui existent en France et que tente de mettre en lumière Reporters d'espoirs[78].

Je crois beaucoup au pouvoir de l'éducation. Je crois au travail. Et je crois au respect. Voilà ce qui me motive. Si les gens sont en colère parce qu'ils se sentent méprisés par les élites, s'ils n'ont pas la dignité qui leur est nécessaire, alors la société explosera d'une manière ou d'une autre. Il faut donc, d'urgence, rétablir une société d'inclusion et d'espoir.

78 Depuis 2004, l'association agit avec les médias pour diffuser la réponse à des problèmes sociaux, économiques, écologiques… : reportersdespoirs.org/

72.

Apprendre à écouter et à s'exprimer dès le plus jeune âge

Priscilla de Moustier est PDG de la holding Wendel-Participations et membre du conseil de surveillance de la société d'investissement Wendel, née de la transformation du groupe sidérurgique du même nom, ainsi que vice-présidente de la section française du Family Business Network (FBN) et administratrice de l'ONG humanitaire internationale Acted.

Mère de trois enfants maintenant grand-mère, je constate avec inquiétude l'état d'agressivité croissant qui marque notre société. Beaucoup de malentendus, de querelles y naissent, me semble-t-il, du fait que l'on ne sait ni bien s'exprimer ni écouter les autres.

Je rêve donc d'une société plus harmonieuse, dans laquelle nous serions plus prêts à dialoguer, plus tolérants, cherchant à comprendre les positions des uns et des autres, à nous ouvrir.

C'est un comportement qu'il faut inculquer dès le début aux jeunes enfants, en leur apprenant à exprimer leurs idées et leurs émotions dans le calme et à écouter celles des autres.

Cette éducation doit démarrer dès le plus jeune âge. Des études américaines[79] ont établi scientifiquement que, à 3 ans, les enfants des classes privilégiées disposent d'un vocabulaire au moins trois fois plus riche que celui des enfants des classes défavorisées.

Ce constat a d'ailleurs conduit à la création, en France, d'un projet qui me tient à cœur : 1 001 Mots[80]. L'association aide les mères à davantage parler avec leurs enfants, en leur donnant des livres, leur apprenant comment les lire avec eux dès qu'ils sont tout petits (quelques mois) puis dialoguer à leur sujet. Plus tard, elles peuvent elles-mêmes

79 Plusieurs études ont constaté une forte différence d'acquisition du vocabulaire en fonction du milieu social, à commencer par le célèbre article « The Early Catastrophe: The 30 Million Word Gap by Age 3 » (B. Hart et T. Risley, *American Educator*, 2003 : www.aft.org/ae/spring2003/hart_risley). En France, en 2011, une estimation pointait que certains enfants maîtrisaient seulement 500 mots à l'entrée en primaire, quand d'autres en connaissaient déjà 2 500 (https://inegalites.fr/apprentissage-precoce-de-la-lecture-et-inegalites).

80 Programme gratuit en distanciel pour aider les parents à développer la lecture et le langage chez leurs enfants : 1001mots.org former d'autres mères. C'est tellement plus stimulant que de mettre en permanence les enfants devant des écrans, qui, s'ils peuvent parfois jouer un rôle pédagogique, ont pour principal objectif de garantir la tranquillité des parents. Je dois avouer que j'ai moi-même utilisé les livres à cette fin. Ayant appris la lecture à mes enfants très tôt, le week-end, je les couchais avec des livres à côté de leur lit, ce qui me permettait un début de matinée tranquille. L'avantage du livre par rapport à l'écran est qu'il implique un effort intellectuel quand regarder un écran est beaucoup plus passif.

Ensuite, à l'école, une solution pour favoriser l'apprentissage de l'écoute est de faire réaliser fréquemment aux enfants des activités en petits groupes de quatre ou cinq, les incitant ainsi à travailler ensemble et à acquérir l'esprit d'équipe.

J'ai eu la chance de faire un MBA à l'Institut européen d'administration des affaires (Insead). Une partie du travail s'y effectue en groupes de six ou sept personnes, provenant toutes de pays différents. C'est fascinant ! Chaque nationalité a une façon différente de travailler. De formation française, bien cartésienne, j'insistais toujours sur le plan, si possible en trois parties, quand d'autres jetaient leurs idées sur la table dans un bouillonnement créatif.

C'est en effet très enrichissant de comprendre et d'accepter le mode de raisonnement d'autrui, afin de pouvoir débattre de façon apaisée et soit arriver à un consensus, soit, à défaut, tolérer la divergence de vues et adopter une attitude constructive.

Il faut apprendre à écouter, mais aussi à s'exprimer. Lorsqu'on n'arrive pas à exprimer ses avis, ses émotions verbalement, la tentation est grande de les exprimer avec des gestes violents. Or, traduire sa pensée calmement implique une maîtrise de la langue. Là aussi, le travail en groupe, qui doit conduire à un consensus, pourrait aider. Mes enfants ont été dans une école partiellement Montessori. Il y avait une maîtresse par classe, qui faisait travailler les élèves parfois individuellement, parfois en groupes de quatre ou cinq, et parfois en classe entière. C'est plus une question de méthode que de moyens.

Hélas, en France, la formation des enseignants privilégie la maîtrise de la matière à enseigner aux dépens de la pédagogie, pourtant bien plus importante. Au contraire, en Angleterre, dans les « petites classes », si le professeur de mathématiques est absent, un enseignant d'une autre matière le remplacera. Les enseignants y sont des pédagogues avant tout.

Notre pays vit une montée des extrémismes. Ceux-ci résultent en partie de l'incapacité à dialoguer. Apprendre dès l'enfance à s'exprimer et à écouter est l'une des façons qui, en améliorant le système éducatif, contribueront à relancer l'ascenseur social et à favoriser tolérance et dialogue.

73.

Logement : réaligner les intérêts des investisseurs et des locataires

Tout juste adulte, Anne-Sophie Thomas doit suspendre ses études : elle n'a pas les moyens de se loger et de se nourrir loin de sa région d'origine. Elle décide alors de défendre le droit au logement et se démène pendant deux ans pour reprendre un cursus dans l'immobilier solidaire. Après un MBA en économie urbaine, elle crée à 27 ans son entreprise d'immobilier responsable, l'agence Gestia Solidaire.

Julien a 19 ans, est étudiant en alternance avec un salaire de 700 € par mois. Faute d'aide complémentaire, il habite… dans un garage. Sans eau ni électricité. Il a froid. Mais il se lève chaque matin pour aller en cours ou travailler. Son dossier est le tout premier qui a été adressé à Gestia Solidaire. Nous rencontrons sans cesse des gens qui travaillent et, pourtant, vivent de telles histoires.

Le mal-logement est peu visible. On imagine qu'il touche des SDF, alors qu'il frappe de plus en plus de monde (près de 18 % de la population française[81]) et toutes les classes, pas seulement des personnes sans emploi ou sans formation. Pour un étudiant venu de Tourcoing, dont les parents gagnent 2 000 €, qui doit régler 800 € de loyer à Paris, plus ses études et sa nourriture, c'est très compliqué.

Car tout le monde paie la même chose. Sans accès au logement social, on débourse 1 000 € pour un T3 à Lyon, quel que soit son salaire.

Surtout, il n'existe pas d'aide spécifique quand on se situe dans cet « entre-deux » considéré comme assez riche pour se débrouiller seul, mais qui n'y arrive pas. Qui n'y arrive plus.

Alors, mon rêve est que nous redonnions sa valeur première au logement : loger des gens. Loger tout le monde. De manière équitable.

Une première mesure relève du bon sens. Changeons le paradigme de l'investissement locatif ! Réalignons les intérêts des personnes qui investissent dans l'immobilier et ceux des bénéficiaires des logements.

81 En France, plus de 4 millions de personnes n'ont pas de logement ou vivent dans des conditions de logement très précaires, et plus de 12 millions connaissent des difficultés pour se loger, selon la Fondation Abbé-Pierre, tandis que le nombre de SDF a doublé entre 2012 et 2022. Lire https://bit.ly/3y24PD8 et https://bit.ly/3WvYBVz

Cela peut passer par de la finance redistributive. Elle permet que des investisseurs gagnent à fournir des appartements, tout en logeant l'ensemble des populations de façon plus abordable. C'est ici qu'intervient le rôle régulateur de l'État. Nombre de dispositifs fiscaux se sont succédé depuis une vingtaine d'années (Pinel, Loc'Avantages[82]…). Il faut les élargir et les améliorer, afin de mettre en regard les intérêts de chacun et de produire plus facilement du logement, notamment *via* des investisseurs particuliers.

Ceux-ci sont souvent des gens âgés de 40 à 60 ans, qui voient les problèmes qu'ont leurs propres enfants à se loger. Ils ne sont pas millionnaires, ou ont contracté un prêt et se disent : je veux bien aider quelqu'un qui n'a pas d'énormes revenus mais, s'il ne peut plus payer, c'est moi qui vais me retrouver en difficulté…

Il existe pourtant des solutions sécurisées à même de les rassurer, *via* des dispositifs publics – par exemple, la garantie Visale[83]. Cette garantie pourrait devenir universelle, portée par l'État. Cela lèverait le frein principal pour les investisseurs.

Il faut aussi simplifier les démarches administratives et donner plus de visibilité aux dispositifs de défiscalisation.

82 Pinel : dispositif fiscal favorisant l'investissement locatif ; Loc'Avantages : dispositif de location solidaire s'adressant aux bailleurs.
83 Garantie publique contre les impayés locatifs bénéficiant, entre autres, aux locataires de 18 à 30 ans.

Quand les gens les connaissent, ça marche très bien, ils en comprennent l'intérêt.

La situation actuelle du logement constitue un manque de respect pour toute une partie de la population qui fait vivre l'économie et occupe des emplois clés dans le domaine médical, dans la sécurité, etc., mais que les politiques récentes ont paupérisée – c'est une réalité. Il est fondamental d'accorder plus de considération à ces classes intermédiaires qui paient toutes les problématiques d'inflation, de difficulté à se loger, d'accès aux soins. Or le logement est un besoin primaire, au même titre que l'alimentation. Sans logement, on n'est rien : on n'étudie pas, on ne travaille pas, on ne s'insère pas socialement.

Un « choc de l'offre » est aujourd'hui nécessaire. La finance redistributive, avec les dispositifs de défiscalisation, peut y contribuer en réorientant vers du patrimonial immobilier des investissements partis vers le financier. C'est pourquoi il faudrait aussi arrêter la double taxation de l'immobilier qui, au contraire des produits financiers, paie les prélèvements sociaux plus l'impôt sur les revenus générés.

D'autant que la finance redistributive offre un double intérêt : en soutenant l'investissement privé et public, elle permettrait aussi de réduire les dépenses publiques en aval, sur l'accompagnement à long terme de personnes en grande précarité face au logement.

C'est donc bien une politique prioritaire à mettre en place.

74.

Prendre soin les uns des autres

Léonie Vendola, étudiante, habite à Viry-Châtillon (Essonne). Aînée de trois filles, très attachée aux relations familiales et engagée dans le monde associatif, elle est membre du conseil d'administration de La Puissance du lien pour représenter la jeunesse.

Mon rêve serait que tous les citoyens vivent dignement, non qu'ils survivent. Qu'ils aient la possibilité de vivre convenablement dans des conditions de travail et de logement respectables, sans honte et sans crainte du lendemain. Il n'y a pas de croissance qui compte sans le capital humain. Et il est important de comprendre la réalité de la précarité. Mais certaines décisions n'arrangent rien.

La loi Immigration[84], par exemple, ne fera que creuser les inégalités, empêchant certains de vivre dans la dignité.

84 Loi n° 2024-42 du 26 janvier 2024 pour contrôler l'immigration, améliorer l'intégration.

Cela exclut très fortement une partie de la population et fragilise encore plus sa situation !

Or ce dont ont besoin les personnes les plus fragilisées n'est pas uniquement l'aide financière et matérielle (quoique nécessaire), mais également l'aide humaine. Savez-vous ce qu'est le pouvoir de la solidarité ? C'est lorsque les gens sont entourés qu'ils avancent. Et c'est en étant accompagnés, écoutés qu'ils trouvent des solutions à leurs problèmes.

Il faudrait donc créer des points d'accueil pour que toutes les personnes vivant dans des conditions difficiles soient entendues. C'est en se réunissant que l'on établit des liens. Ceux-ci font avancer la société et permettent alors de mieux vivre.

Pour ma part, aider les autres me motive, car je me sens heureuse de participer au bien-être collectif. Au début de mes engagements, je faisais partie des Pionniers de France[85] de Grigny, une association qui organise des activités culturelles et sportives pour les enfants exclus de certains milieux. Je suis aussi membre de La Puissance du lien[86]. L'association développe un programme de mentorat auquel tout le monde peut s'inscrire, afin d'offrir ses

85 Association du mouvement de l'éducation populaire qui agit en faveur des enfants dans les quartiers défavorisés : lespionniers.org

86 « La promotion de l'égalité des genres, le rapprochement intergénérationnel et la synergie des territoires sont les piliers de notre engagement » : lapuissancedulien.org

compétences en tant que mentor ou de bénéficier du soutien d'un mentor pour développer des projets personnels et professionnels.

En outre, depuis juin 2023, je fais partie des Restos du cœur. Un jour, j'y ai rencontré une femme qui expliquait que sa famille n'arrivait pas à recevoir des aides de soutien. Elle y avait droit, mais c'était trop compliqué sur le plan administratif. En effet, un tiers des personnes qui ont la possibilité de toucher le RSA n'en effectuent pas la demande, selon l'Insee, soit parce que les démarches sont trop complexes, soit par peur d'être stigmatisées[87]. Cette femme était très émue de voir que, dans des associations, des volontaires les accompagnent. Cela m'a beaucoup touchée, et je me suis dit : il faut s'entraider. Il suffit parfois d'une discussion, d'un sourire, d'une petite action pour créer de l'impact.

Les politiques ont pour objectif d'assurer le bien-être des citoyens, mais ils s'y prennent mal. Même dans l'éducation, il n'y a pas plus inégalitaire que l'école[88] !

Il me vient donc à l'esprit une nouvelle idée pour accomplir mon rêve. En effet, au-delà du fait que l'école contribue

87 Le taux de non-recours pour les aides sociales « atteint fréquemment des niveaux supérieurs à 30 % en France, selon la Direction de la recherche, des études, de l'évaluation et des statistiques (Drees). C'est le cas pour le RSA (34 % de non-recours) ou encore pour le minimum vieillesse (50 % de non-recours pour les personnes seules) ». Source : bit.ly/3X36ja5
88 Lire Marion Armengod, *Ils ont tué l'école*, Seuil, 2019.

à l'augmentation des inégalités, on n'y parle pas du tout du fait de prendre soin de l'autre. Ce serait une bonne initiative d'instaurer des heures de « sociabilité » afin d'étudier la société, les liens sociaux, et de trouver des solutions pour y mettre de l'ordre et de l'équité. Mais sans programme imposé ! Il faudrait que les idées viennent des élèves, car ils sont l'avenir de la société. Ce serait un moyen pour qu'en parlant librement entre eux de ce qu'ils pensent, ils imaginent un monde pour une société meilleure, et fassent bouger effectivement les choses. Les solutions seraient alors présentées à l'Assemblée nationale pour que les pouvoirs publics aient conscience des revendications des jeunes et les prennent en compte dans l'établissement de leurs lois pour le futur de tous.

Si chacun faisait un petit peu à son échelle, ça pourrait réellement changer les choses. Aux Restos du cœur, presque tous les bénévoles sont des retraités… Et soyons honnêtes : en tant qu'élève, on a bien chacun une heure ou deux par semaine pour aller voir une association, pour parler à des SDF, aider des enfants.

Nous, les jeunes, avons en main notre futur. Pour faire rayonner le pays, il est essentiel d'être unis, de prendre soin les uns des autres et de ne pas délaisser les plus vulnérables.

VIVRE LONGTEMPS ET EN BONNE SANTÉ

75.

Les décideurs doivent écouter ce que la société civile a à leur dire

Infirmier, Abdelaali El Badaoui s'investit pour une santé inclusive. En plus de la création de l'ONG Banlieues santé, en 2018, il a fondé Banlieues School et Banlieues climat. En 2020, il reçoit le prix du Citoyen européen ainsi que le prix Vigné d'Octon de l'académie des sciences morales et politique de l'institut de France. Enfin, deux ans plus tard, il rejoint le prestigieux réseau mondial de l'ONG Ashoka.

Avant de devenir infirmier à l'âge de 27 ans, j'ai été homme de ménage dans les hôpitaux. J'aimais ce métier, perçu néanmoins comme ingrat. Il m'a autant appris d'un point de vue personnel que sur le fonctionnement du milieu hospitalier. J'ai pu ainsi observer patients et médecins, et constater que les premiers ne comprenaient pas toujours les traitements prescrits par les seconds... Cela m'a fait réfléchir et a renforcé mon désir de me former un jour à une profession médicale.

Avant-dernier d'une fratrie de sept, je suis né à Dechy (Nord-Pas-de-Calais). Mon père, d'origine marocaine, travaillait dans les mines de charbon. À l'âge de 6 ans, je suis victime d'un très grave accident domestique. Mon corps est brûlé à 70 %, ce qui me vaudra une hospitalisation en chambre stérile. Je me souviens des soignants qui atténuaient ma douleur par leurs soins, mais aussi par leur humanité. L'enfant que j'étais a alors pensé en devenir un.

Puis, la vie a repris son cours et ma famille a déménagé à Montereau (Seine-et-Marne). À l'école, j'étais plutôt du genre dernier de la classe que premier ! Je me sentais inadapté. En revanche, j'éprouve de la gratitude pour les professeurs qui, décelant mon potentiel de sportif (j'avais gagné le cross du collège), se sont cotisés pour payer ma licence de club d'athlétisme, ainsi que pour m'offrir l'équipement nécessaire.

À 19 ans, quelques victoires plus tard, je suis sacré vice-champion d'Europe junior de cross par équipes. De quoi déjouer les pronostics des médecins m'ayant prédit que je ne pourrais jamais faire de sport de haut niveau. Parallèlement à cette carrière sportive, j'avais quitté l'école à l'âge de 16 ans pour faire des ménages à l'hôpital. Je serai frappé par le pouvoir d'un sourire délivré à un patient en souffrance.

J'ai aussi accompagné mon père, illettré et analphabète (tout comme ma mère), pour obtenir la reconnaissance de sa maladie professionnelle, liée à son travail d'ouvrier. Au cours de ce long combat médical et administratif, j'ai été touché par son incapacité à être acteur de sa propre santé. Elle était, de fait, plus mauvaise que celle des cadres (en France, l'espérance de vie d'un cadre est de six à dix ans plus élevée que celle d'un ouvrier). Durant cette période, à la suite d'une mauvaise blessure, j'ai dû arrêter la compétition sportive.

En 2018, j'ai fondé Banlieues santé avec des professionnels. Cette association est désormais une ONG et son action se déploie à l'international grâce à des opérations dans le domaine de l'éducation par exemple, témoignant de ma vision holistique de la santé. En France, nous faisons énormément de prévention dans les quartiers populaires et en zone rurale en direction des publics qui en sont le plus éloignés. Mon expérience m'a convaincu que nous devons veiller sur les personnes les plus vulnérables afin de ne laisser personne de côté.

Concrètement, les décideurs économiques et politiques devraient investir beaucoup plus d'argent et de temps dans ce que j'appelle « le monde de la solidarité ». Écouter ce que la société civile, à travers les acteurs du lien, a à leur dire. Je veux parler du milieu associatif, incroyablement actif dans notre pays. Celui-ci compte en effet entre 1,4 et 1,5 million d'associations et plus de 20 millions de bénévoles. Ce qui est énorme !

De même, chacun doit œuvrer à son niveau pour se rendre utile aux autres. Aujourd'hui, certaines personnes meurent de solitude. Soucions-nous de notre voisin et soyons bienveillants les uns envers les autres. La situation critique que notre pays a traversée à l'été 2024 prouve que nous ne devons jamais abandonner. En prêtant attention aux problématiques et aux besoins des plus fragiles, nous leur donnerons la force d'aider ensuite leur prochain. Il s'agit d'un cercle vertueux.

Les épreuves rencontrées sur mon chemin, et les situations difficiles qui ont confronté mes parents à leurs limites, n'ont pas été une source de découragement pour moi. Au contraire. Celles-ci m'ont donné l'élan de me battre davantage pour que ma propre vie, celle de mon entourage, mais aussi plus globalement celle de tous les citoyens confrontés aux inégalités sociales de santé s'améliorent. Il n'y a pas de fatalité.

76.

Un hôpital en bonne santé pour des patients bien soignés

Frédérique Gautier est sage-femme hospitalière depuis juin 2014, un métier-passion. Avant de travailler au centre hospitalier de Calais, elle exerçait au centre hospitalier intercommunal de Poissy-Saint-Germain-en-Laye (Yvelines). Aujourd'hui, au quotidien, elle est témoin de la dégradation de notre système public de santé.

Rien ne m'anime autant que le travail de sage-femme, dont j'aime l'intensité et surtout l'authenticité. Si j'ai obtenu mon diplôme en Belgique en 2014, j'ai choisi de retraverser la frontière pour effectuer un stage formateur au centre hospitalier intercommunal de Poissy-Saint-Germain-en-Laye. Toutes les pathologies de la grossesse y sont suivies et la réanimation néonatale y est pratiquée, parfois sur des bébés d'à peine 500 g !

Mes parents habitant la région parisienne, je n'ai pas hésité lorsqu'un poste m'a ensuite été proposé. J'ai également décidé de revenir en France parce que les sages-femmes y disposent d'une large autonomie et ne sont pas cantonnées à un rôle d'assistante auprès des médecins. Dans notre pays, nous sommes une profession médicale à part entière, et cela se ressent dans la prise en charge de nos patientes.

Quant au choix du secteur public, celui-ci s'est naturellement imposé à moi après une courte immersion en clinique, où j'ai pu constater les dérives d'un lien trop étroit entre argent et santé. À l'hôpital, au moins, même si les soignants sont moins rémunérés, l'humain passe en premier, et tout le monde a accès aux soins.

Après sept ans à exercer à Poissy, un déménagement à Dunkerque a été l'occasion d'une mutation au centre hospitalier de Calais. Aujourd'hui, avec dix années d'expérience, je réalise à quel point l'hôpital est en souffrance. Il souffre parce que celles et ceux qui y travaillent le font dans des conditions souvent déplorables, ce qui met en danger la santé des patients… et des soignants. Voilà pourquoi j'aspire à ce que cela change, que chacun d'entre nous puisse vieillir en bonne forme.

Dans mon quotidien de sage-femme, je suis ainsi confrontée à des dysfonctionnements qui me mettent en alerte dans l'hôpital où j'exerce. J'aimerais dénoncer ici en priorité – il y aurait tant à dire – le ratio affolant soignant/patient qui existe dans certains services. Ces derniers ne tenant par conséquent que sur un engagement démesuré du personnel hospitalier. En gériatrie, les aides-soignantes et les infirmières, en proie au burn-out, ont l'impression de bâcler leur travail et en perdent le sens. Malheureusement, elles en deviennent quelquefois maltraitantes envers nos aînés. Dans ce contexte, elles ne sont pas non plus à l'abri d'une erreur d'administration de médicaments et risquent de passer à côté de quelque chose de grave. L'État doit donc davantage embaucher dans ces services, qui sont les véritables parents pauvres de notre système de santé.

Par ailleurs, afin d'alléger nos hôpitaux, l'une des solutions pourrait être de rendre la médecine de ville plus attractive afin qu'elle soit davantage complémentaire. Nous avons pu tous le constater, nos villes manquent de médecins, mais aussi d'infirmiers et d'infirmières, de sages-femmes, de kinésithérapeutes, etc. Pour remédier à cette situation préjudiciable pour la santé des Français, il faudrait, selon moi, baisser drastiquement les charges sociales accablant les soignants installés en libéral. Une autre piste qui permettrait de développer cette médecine de proximité serait de créer en nombre des structures relais de l'hôpital qui désengorgeraient les urgences, en difficulté ces derniers temps.

Je constate autour de moi un grand nombre de soignants avec une immense motivation abandonner leur métier en raison d'une grande fatigue, mais aussi, et surtout, du manque de considération. Or un patient sera bien traité (dans tous les sens du terme) si le soignant l'est également. On ne peut en effet bien s'occuper des autres si l'on se sent soi-même en détresse.

77.

La France doit protéger et soigner les enfants victimes de violences

Céline Greco est professeur de médecine chercheur responsable du Centre d'évaluation et de traitement de la douleur et de l'unité de médecine palliative de l'hôpital Necker-Enfants malades, à Paris, et présidente de l'association IM'PACTES. Elle s'engage pour une meilleure prise en charge de la santé et de la scolarité des enfants victimes de violences.

Dans notre pays, on estime que 6 à 14 % des enfants sont ou seront victimes de violences ou de négligences graves. En l'absence de prise en charge précoce, celles-ci auront de sévères conséquences sur leur santé somatique et psychique : dépression, maladies auto-immunes ou cardio-vasculaires, cancers, etc. À l'âge adulte, selon des études internationales, ces enfants voient ainsi leur espérance de vie réduite de vingt ans ! Parmi eux, ceux qui sont protégés par l'Aide sociale à l'enfance (ASE) sont pourtant moins de 10 % à bénéficier d'un parcours de soins spécifique.

Je suis moi aussi passée sous les radars... Être issue d'un milieu favorisé ne m'a en effet pas empêchée de subir la violence de mon père. Lorsque ce dernier a commencé à me tyranniser, il dirigeait une importante usine. Sa volonté ? Que je joue du piano à la perfection fut, dès lors, prétexte à toutes les violences. Ma mère, d'origine modeste, a arrêté de travailler au moment de ma naissance. Elle le voyait comme son chevalier et a vite été sous son emprise, se retrouvant incapable de fuir.

Dans ce contexte familial douloureux, malgré un fort absentéisme à l'école, je n'ai pas été repérée comme victime. Pour le corps professoral, mes absences trahissaient un privilège de « bourgeoise ». Ce n'est qu'à l'âge de 14 ans qu'une infirmière scolaire s'est inquiétée de ma maigreur : 31 kg ! Peu à peu, j'ai pris confiance en elle et je lui ai dit ce que je vivais à la maison. Elle a fait un signalement et j'ai alors été placée à l'ASE, ce qui m'a sauvé la vie. Néanmoins, je n'ai pas fait l'objet d'un suivi médical ou psychologique. Par ailleurs, je me suis rendu compte que la scolarité des jeunes qui m'entouraient était très impactée, voire inexistante. Voilà pourquoi j'agirai plus tard en ce sens.

Moi, je voulais faire médecine, coûte que coûte ! C'était mon étoile du berger et l'avoir en ligne de mire m'a permis de garder le cap. Une fois interne, au vu de mon expérience, je me suis interrogée sur la façon d'améliorer, à mon niveau, les failles du système, à commencer par la nécessité de mieux déceler et prendre en charge les enfants victimes de violences afin d'éviter qu'ils deviennent des adultes en mauvaise santé. Je rêve qu'on les protège suffisamment tôt et qu'on les soigne.

Mon engagement a démarré en 2013, à l'occasion d'un livre témoignage, écrit sous pseudonyme (*La Démesure*, Max Milo). Puis, l'évolution de ma carrière m'a amenée à travailler à l'hôpital Necker-Enfants malades en médecine de la douleur et palliative et à en prendre la chefferie de service en 2020, ce qui m'a rendue davantage « visible ». La même année, dans le cadre d'une visite au chevet d'enfants hospitalisés, j'ai pu évoquer avec Brigitte Macron l'importance de créer des équipes mobiles hospitalières référentes en protection de l'enfance afin de mieux repérer les enfants victimes de violences. En 2021, suite à cette discussion, et grâce à la Fondation des hôpitaux, nous avons mis en place des équipes mobiles dans cinq établissements de l'Assistance publique-Hôpitaux de Paris (AP-HP) ainsi qu'à Brest et à Grenoble. Celles-ci font depuis un travail essentiel pour aider les professionnels de santé à oser douter et alerter le cas échéant.

En mai 2022, j'ai fondé l'association IM'PACTES. Mes combats y sont tous réunis puisque sa mission est de promouvoir la santé et la scolarité des enfants « abimés » par la vie. Aujourd'hui, à l'image des maisons des femmes, un premier centre d'appui à l'enfance va naître à Paris. Il proposera un parcours de soins adaptés et gradués aux enfants victimes de violences ou de grandes négligences, placés « sous l'aile » de la protection de l'enfance. Là aussi, je souhaite que la couverture de ces centres soit nationale, ce qui n'est pas gagné. Mais c'est un début et je ne lâcherai rien !

Nos enfants sont notre avenir. Veiller sur ceux qui en ont le plus besoin revient à œuvrer pour que la société tout entière se porte mieux. Quand j'étais petite, je pensais que ce que je traversais était normal donc je me suis tue. Plus tard, au collège, j'ai compris la gravité de ma situation, mais je n'en ai pas parlé non plus puisque j'avais peur de causer du tort à mes parents… Ouvrons les yeux et écoutons ce que les enfants vulnérables ont à nous dire. Cessons de croire que les blessures de l'enfance disparaissent ensuite, comme par magie, et regardons la réalité en face.

78.

Pour une école qui éveille nos enfants à une alimentation de qualité, saine, durable et savoureuse

Marie-Pierre Membrives est ingénieure en agroalimentaire et consultante en innovation pour l'industrie agroalimentaire et la restauration. Elle est membre de l'Association de l'alimentation durable et responsable du projet « Cantines Rêvolution » qu'elle a porté auprès du Collège citoyen de France. C'est une femme engagée pour l'accès à une alimentation saine et durable pour tous.

Ingénieure en agroalimentaire, je suis maman de deux garçons. Lorsqu'ils sont entrés à l'école, j'ai souhaité m'intéresser aux repas qu'on leur servait à la cantine au-delà de leurs retours plutôt négatifs à l'image des souvenirs de cantine de mon enfance. J'ai ainsi intégré la commission

« menus » des cantines de ma ville en tant que représentante élue des parents d'élèves. Cela m'a permis de découvrir ce qui se dissimulait derrière les menus affichés à la porte de l'école qui cachent souvent bien des mystères quant à leur composition et à la façon dont ils sont élaborés. Cela méritait à mes yeux qu'on s'y intéresse collectivement parce qu'il s'agit de la santé de nos enfants, de leur éveil au goût mais aussi de notre façon de soutenir un système alimentaire vertueux.

J'ai cependant vite constaté que le sujet de l'alimentation de nos enfants était clivant car il est le reflet de nos croyances et de nos convictions. Pourtant, j'étais intimement convaincue du rôle essentiel des cantines scolaires pour aller vers une alimentation plus saine et durable.

Voyant à quel point il m'était difficile d'avoir de l'impact localement, j'ai participé à un appel à candidatures du Collège citoyen de France avec l'idée de faire bouger les lignes dans les cantines. Le projet a été sélectionné et c'est ainsi qu'est né Cantines Rêvolution, pour des cantines de rêve où les enfants se régalent, projet que je porte au sein de l'Association de l'alimentation durable.

C'est un combat que je mène bénévolement mais avec détermination, en m'appuyant sur mes connaissances de l'alimentation et de la restauration et sur les liens que j'ai tissés ces dernières années avec des professionnels passionnés du secteur. De nombreux exemples partout en France montrent qu'il est possible de mettre en place des politiques efficaces en matière d'éducation à l'alimentation durable englobant les cantines scolaires. Je vois bien pourtant à quel point il est difficile de s'inspirer de ces initiatives quand la volonté politique n'est pas là.

Je crois qu'il faut désormais passer à la vitesse supérieure pour que l'école soit réellement le creuset de la transmission des savoirs sur l'alimentation. J'aimerais qu'elle soit la première brique du bien-manger en France pour que nos enfants, qui sont aujourd'hui les « superstars » du tri des déchets, soient également demain les ambassadeurs d'une alimentation saine, de qualité et respectueuse de celles et ceux qui la produisent, et de notre planète. C'est cela le sens de mon rêve : faire de nos enfants de futurs citoyens éclairés sur les bonnes habitudes à avoir en matière d'alimentation.

Je le dis avec d'autant plus de gravité que, pour certaines familles, le repas à la cantine est le seul de la journée. Nous avons donc besoin d'une école qui non seulement fournit à nos enfants des repas de qualité et équilibrés mais aussi abordables, pour que le bien-manger ne soit pas réservé aux familles les plus aisées. C'est un enjeu de justice sociale.

Mais il est aussi essentiel que ces repas soient séduisants, savoureux et compris afin qu'ils soient effectivement mangés.

C'est la raison pour laquelle il est crucial selon moi, au-delà de la cantine, que l'école aide tous les enfants à travers les programmes scolaires à comprendre d'où viennent les aliments, comment ils sont produits, ce qu'ils apportent à leur corps, leur impact sur le climat… et leur apprenne à apprécier les bons produits au rythme des saisons.

Je constate cependant qu'il y a d'une part un certain déni, avec des interlocuteurs qui ne veulent parfois pas admettre qu'il y a une opportunité de faire mieux, et d'autre part un certain fatalisme, avec des acteurs convaincus que cela coûterait trop cher ou que cela mobiliserait trop de moyens de faire mieux.

Or, les bénéfices que l'on apporterait à notre société sur le long terme en mettant en œuvre ces mesures sont immenses car l'alimentation de nos enfants aujourd'hui, c'est la garantie de vivre en meilleure santé plus longtemps. Ce sont donc des économies réalisées pour notre système de santé demain.

C'est un sujet qui doit être transpartisan et je suis fière de le porter auprès d'élus aux sensibilités politiques différentes. Je suis convaincue d'ailleurs que cela devrait être une priorité dans le cadre des élections municipales de 2026 tant il s'agit d'un enjeu de santé publique.

79.

Faire bénéficier aux Français des dernières découvertes en neurosciences pour aller mieux grâce à l'ocytocine et à l'effet placébo !

Aurélie Merlin, docteure, est radiologue libérale. Formée à l'hôpital Lariboisière à Paris dans le service d'imagerie médicale des Prs Rymer et Soyer, elle travaille, depuis 2007, en Martinique à Fort-de-France et à la Trinité. En 2018, elle devient maître praticienne en hypnose. Elle milite pour une pratique médicale respectueuse de l'humain. Elle fonde en 2020 le think tank ACME Culture & Idées. Elle est par ailleurs élue au Conseil de l'Ordre des Médecins.

La médecine est le lieu de réflexions éthiques intenses, qui intéressent chacun d'entre nous. C'est ce qui m'a attirée dans ce domaine. Après des études parisiennes pour devenir médecin, j'ai exercé comme radiologue hospitalière et, en 2007, j'ai déménagé en Martinique. Au fur et à mesure de ma pratique, une remise en cause du « tout technologique » m'a poussée à réinvestir toujours plus la dimension humaine dans le rapport soignant-patient.

De 2014 à 2018, je me suis ainsi formée à la communication puis à l'hypnose à Paris. Cette discipline est fondée sur le dialogue, l'écoute et l'empathie, entre le praticien et le « consultant », qui deviennent ainsi coacteurs de la démarche thérapeutique.

Puis, à la naissance de mon fils, le thème de l'ocytocine s'est imposé à moi. Cette hormone fabriquée dans le cerveau (hypotalamus) est un neurotransmetteur puissant secrété en particulier lors de l'accouchement. Elle procure une sensation euphorisante addictive qui place l'individu dans un état planant proche de l'hypnose... Un sujet que je connais bien ! Cela m'a tellement passionnée que j'ai réalisé l'exposition *Ocytocine*, lauréate d'un prix national, ainsi que des conférences sur ce thème, à Fort-de-France, en 2021. Son but était d'informer le grand public et les professionnels de la santé et du secteur social des effets de l'ocytocine. Les médias l'ont souvent présentée comme l'« hormone de l'amour » ou de « l'attachement ». Aujourd'hui, ses bienfaits sont listés dans un nombre de recherches médicales : l'ocytocine réduit le stress et l'anxiété, agit sur la douleur, a un effet cardioprotecteur, participe au capital osseux ou régule le poids… C'est une pépite naturelle dont les Français auraient tort de se priver, à l'instar des bénéfices avérés de l'effet placébo. Alors, comment en profiter davantage ?

Prenons d'abord l'ocytocine. Celle-ci présente l'avantage d'être accessible et fort peu coûteuse puisque auto-sécrétée et donc gratuite ! Pour la générer, il suffit de démontrer, par exemple, son affection aux membres de son cercle intime, familial ou amical. Par ailleurs, en plus d'améliorer le bien-être individuel, elle « huile » la relation soignant-soigné. Un regard bienveillant de la part d'un professionnel de santé à un patient, une voix empathique, un toucher consenti stimulent sans effort son émission pour le soignant, mais aussi pour le soigné. Concrètement, je propose donc que les médias, les chercheurs, les décideurs (voire chacun d'entre nous) communiquent sur les incroyables pouvoirs de cette molécule ! Comment ? *Via* la diffusion en les vulgarisant d'articles de neurosciences vulgarisés dans les journaux, de reportages à la télévision ou encore de tutoriels ou de vidéos sur les réseaux sociaux. L'Assurance maladie pourrait relayer l'information. Une nouvelle exposition grand public itinérante, pourquoi pas ?

L'autre stratégie économe et remarquable en matière de politique de santé est l'effet placébo. En France, le niveau de consommation de médicaments psychotropes est élevé. Or, l'effet placébo réduit jusqu'à 70 % les administrations médicamenteuses en cas de dépression. Son action est par ailleurs remarquable pour ce qui est de la perception de la douleur. Ainsi, l'efficience d'un placébo rivalise dans certaines études avec celle de la morphine, et ce sans effets secondaires à déplorer. Cependant, loin de se réduire à la prise d'une substance inactive, le mieux-être psychologique et physiologique du patient par l'effet placébo est en réalité largement situationnel… (accueil, paroles, gestes, etc) et se fonde sur la confiance. Le corps médical devrait donc, selon moi, se réconcilier avec ses vertus afin d'en faire bénéficier leurs patients. Il faudrait renforcer son enseignement dans les études de médecine (cours et ateliers), ainsi que la formation continue des acteurs de santé. Enfin, le recours au placébo pourrait être inscrit dans une charte éthique nationale.

Afin d'élargir mon propos, je solliciterais notre président afin qu'il sanctuarise l'idéal français de protection sociale en instaurant l'équivalent de la taxe Tobin sur les transactions financières. La survie de notre système de soins ne peut plus uniquement reposer sur la contribution des citoyens et des entreprises. De quoi vivre plus longtemps et en bonne santé !

80.

Les femmes doivent devenir actrices à part entière de leur santé

Cardiologue au CHU de Lille et professeure de médecine vasculaire à l'université de Lille, Claire Mounier-Véhier se bat pour faire reconnaître les spécificités des maladies cardiovasculaires chez les femmes. Elle a cofondé en 2020 le fonds de dotation Agir pour le cœur des femmes et a écrit Mon combat pour le cœur des femmes *(Marabout, 2019).*

J'ai réalisé récemment que si je suis cardiologue, comme l'a été mon père, le professeur André Vacheron, c'est pour prouver qu'une femme peut faire aussi bien qu'un homme. Désirant en premier un garçon, ma mère, qui a exercé comme médecin généraliste, a été un peu déçue à mon arrivée. D'où l'objectif inconscient que je m'étais fixé, que je reconnais aujourd'hui.

Grandir dans une famille nombreuse de la bourgeoisie parisienne, aux règles strictes, m'a forgé le caractère. Ayant un probable TDAH (trouble du déficit de l'attention avec ou sans hyperactivité), j'étais en plus mauvaise à l'école où je m'ennuyais et bavardais. Cela ne m'a pas empêchée dès l'âge de 7 ans de vouloir devenir moi aussi médecin, une vocation précoce donc. Je disais aux gens que je croisais d'écraser leurs cigarettes ou, dans les boulangeries, que les croissants étaient trop gras ! Plus tard, je prononcerai le serment d'Hippocrate faisant de l'égalité d'accès aux soins l'un des principes fondamentaux de la médecine, et le moteur de mes engagements.

Amblyope, je n'ai pas pu être gynécologue obstétricienne, aussi j'ai opté tôt pour la médecine préventive et la cardio-gynécologie. Une approche pluridisciplinaire des maladies cardiovasculaires des femmes qui tient compte de leur vie hormonale. Ces pathologies étant devenues la première cause de mortalité féminine, avant le cancer. En 2012, j'ai mis en place au CHU de Lille le parcours de soins « Cœur-artères-femmes », en fédérant les médecins cardiovasculaires et les gynécologues obstétriciens.

Déplorant une médecine trop curative, je me suis investie en ce sens à la Fédération française de cardiologie. Passé mon dernier mandat de présidente, compliqué en tant que femme dans un monde masculin, j'ai créé, il y a quatre ans, un fonds de dotation avec Thierry Drilhon, un haut dirigeant d'entreprise, médecin de l'âme. La mission d'Agir pour le cœur des femmes est de leur éviter une maladie cardiovasculaire en les incitant à adopter une bonne hygiène de vie, à se faire dépister et à avoir un bon suivi médical. Une vaste campagne nationale, Le Bus du cœur des femmes, a déjà permis d'en dépister gratuitement plus de 10 000. Nous avons en parallèle initié La Journée du cœur des femmes visant à démultiplier les actions de prévention au sein des établissements de soins et à les médiatiser.

Je rêve que les femmes s'occupent davantage d'elles (et pas seulement de leurs enfants ou proches). « Ce n'est pas grave », pensent-elles lorsque quelque chose ne va pas… mais cela peut l'être, j'en soigne bien de plus en plus jeunes ! Si les modes de vie (tabac, stress, sédentarité) jouent un rôle clé dans l'accident cardiovasculaire, les fines artères des femmes accroissent les risques, sans oublier l'impact de certaines situations hormonales (polykystose ovarienne, endométriose, contraception avec œstrogènes, cancer du sein avec chimiothérapie et radiothérapie, ménopause, etc.). De plus, différents de ceux des hommes, les signes d'infarctus « féminins » sont méconnus et les femmes, soignées tardivement, payent souvent le prix fort d'errances de diagnostic, elles gardent alors malheureusement des séquelles. Enfin, elles sont victimes de préjugés médicaux de genre, ce qui retarde leur prise en charge, et bénéficient de traitements incomplets. Inversons la tendance !

Les femmes peuvent d'ailleurs agir de leur côté en apprenant à être bienveillantes envers elles-mêmes et à écouter leur corps. C'est ce que je répète dans mes consultations, où je remets l'humain au centre, où les regards comptent. Je défends cette médecine basée sur l'échange et l'alliance thérapeutique auprès des internes que je forme. Oui, intégrer la sphère psychologique en médecine cardiovasculaire est utile parce qu'être victime d'un accident cardiaque chamboule une existence.

Plus globalement, je souhaite que chacun soit responsable de son capital santé et l'entretienne en augmentant son activité physique ou en veillant sur son sommeil par exemple. Les choix que nous faisons au quotidien, et je dirais même la façon de nous comporter, déterminent pour moitié notre longévité, alors revenons à l'essentiel. Faisons preuve de prévenance pour l'autre afin de mieux vivre ensemble, et de mieux vivre tout court ! Une formule de politesse, un bonjour, un merci, un sourire adressés à un inconnu peuvent rallumer un regard…

INDEX ALPHABÉTIQUE DES CONTRIBUTEURS

Paul Aiss – *Écoutons les jeunes : ils ont des choses à nous dire !* 35

Axelle Ayad – *Sortir les maladies chroniques de l'ombre* 385

Olivier Babeau – *Aider notre société à s'adapter à l'intelligence artificielle afin de renforcer sa résilience* 127

Jean-Baptiste Barfety – *Une révolution managériale, pour que chacun suive son rêve professionnel* 197

Assia Benziane – *Mettre fin au sentiment d'insécurité qu'éprouvent les femmes dans l'espace public* 265

Véronique Blanc – *Éduquer nos enfants à l'économie* 39

Hubert de Boisredon – *Réconcilier l'industrie et l'écologie* 161

Jean-Marc Borello – *Chaque individu doit pouvoir créer ou rejoindre une entreprise, créatrice de valeurs, dans un monde où la richesse est également définie par son impact humain* 203

Ryad Boulanouar – *Encourager la mécanique du don grâce aux outils de l'Intelligence artificielle* 131

Nicolas Bouzou – *Positiver et reprendre confiance en l'avenir* ... 341

Pierre Brajeux – *Faire de la sécurité privée le troisième pilier sécuritaire du pays après la police et la gendarmerie* 271

Béatrice Brugère – *Réconcilier les Français avec leur système judiciaire* 261

Adrien Burdet – *Enfants placés : le suivi individualisé, ça marche !* 45

Marion Canale – *Poser des jalons pour basculer vers une agriculture durable* 167

Julia Clavel – *Instaurer un congé paternité obligatoire et allongé pour permettre une égalité professionnelle réelle entre les femmes et les hommes* 207

Gervanne Colboc – *Une école de la bienveillance et de la curiosité* 51

Jézabel Couppey-Soubeyran – *Mettre la monnaie au service d'un nouveau projet de société* 171

Virginie Delalande – *Redonner sa juste place à la diversité* 391

Abdelaali El Badaoui – *Les décideurs doivent écouter ce que la société civile a à leur dire* 423

Marie Eloy – *L'égalité au cœur de toutes les transitions* 213

Leclercq Emmanuel – *Être responsable de soi et de l'autre à tout âge* 73

Aude Favre – *Donner aux enfants le pouvoir de l'information* 57

Éric Ferrari – *Bâtir, c'est créer de l'avenir* 63

Jade Francine – *Organisons la mixité sociale pour créer un nouveau récit français commun et partagé par tous !* 219

Mathieu Gallet – *Pour faire rayonner la culture française dans un monde numérique, bâtissons une politique de souveraineté industrielle* 101

Laurent Garret – *La réussite par l'intelligence collective* 223

Pierre Gattaz – *Soyons courageux et réorganisons en profondeur notre système de dépenses de santé et du social* 297

Anne-Marie Gaultier – *Construisons un autre modèle d'éducation basé davantage sur les émotions et les neurosciences* 69

INDEX ALPHABÉTIQUE DES CONTRIBUTEURS

Frédérique Gautier – *Un hôpital en bonne santé pour des patients bien soignés* 427

Flora Ghebali – *Remettre les agriculteurs au cœur de la société !* 229

Catherine Giboin – *Développer une vraie culture de la solidarité internationale en France* 303

Olivier Girault – *Établir une nouvelle fondation républicaine capable de restituer à la France sa position de premier pays des Droits de l'Être humain et de la paix* 307

Céline Greco – *La France doit protéger et soigner les enfants victimes de violences* 431

Anne-Sophie Grouchka – *Soigner l'Afrique autrement* 335

Sandrine Gruda – *La gratitude doit être la lanterne des Français* 345

Aude Gueneau – *S'appuyer sur l'extraordinaire mobilisation de données permise par l'intelligence artificielle pour inventer l'école de demain* 135

Jean Guo – *Bâtir un système universel de formation au numérique et à l'intelligence artificielle (IA) gratuit et accessible à toutes et tous* 141

Maryline Gygax Généro – *Nos politiques doivent faire preuve de courage et entendre les citoyens qui « se lèvent » pour notre démocratie* 349

Victor Habert-Dassault – *Des crédits carbone individuels pour verdir notre consommation* 177

Said Hammouche – *Refaire nation grâce à l'inclusion économique* 233

Amandine Hersant – *Les Français peuvent être des gardiens des forêts en France comme à l'international* 181

Patrick Jeantet – *Écrire un nouveau siècle des Lumières* 311

Laureen Kouassi-Olsson – *Pour que l'exception culturelle française demeure unique et iconique, elle se doit d'être plus inclusive et d'accueillir d'autres inspirations créatives, en particulier en provenance du continent africain* 105

Christiane Lambert – *En finir avec la précarité alimentaire en France* 397

Matthias Leridon – *Mettre l'expression créative au cœur de l'école* 111

Jean-Pierre Letartre – *Redonnons du poids aux territoires en accentuant les coopérations publiques et privées* 317

Jean-Daniel Levy – *Aller vers la connaissance, la liberté et la démocratie* 353

Justine Lipuma – *Nourrir les sols pour qu'ils puissent nous nourrir* 185

Sabine Longin – *Culture, création, innovation, un triptyque nommé désir* 115

Pascal Lorot – *Envoyer un Français sur la Lune dans les dix prochaines années : un rêve d'audace et de cohésion nationale* 357

Philippe Louis-Dreyfus – *En finir avec l'excès des normes RSE et redonner de la liberté à nos entreprises* 323

Marcadier Laurent – *La justice doit regagner le respect de tous afin de garantir le bon fonctionnement démocratique de notre pays* 277

INDEX ALPHABÉTIQUE DES CONTRIBUTEURS

Marie-Aude Mazetier – *Notre système judiciaire doit envisager les délits sous l'angle de la prévention et de la justice restaurative afin d'en limiter les cas et de désengorger les tribunaux* 281

Marie-Pierre Membrives – *Pour une école qui éduque nos enfants à une alimentation de qualité, saine, durable et savoureuse* 435

Aurélie Merlin – *Faire bénéficier aux Français des dernières découvertes en neurosciences pour aller mieux grâce à l'ocytocine et à l'effet Placébo !* 439

Frédéric Messian – *Simplifier pour réinventer le monde ou comment raconter la simplification autrement pour libérer les énergies de notre pays* 329

Éric Mestrallet – *Redonner envie de participer à l'aventure collective* 79

José Milano – *Retrouver les chemins de la compétence dans l'enseignement supérieur* 85

Martine Monteil – *Menons un travail sur le long terme et en profondeur pour faire à nouveau de la sécurité l'instrument de notre liberté collective* 285

Filippo Monteleone – *Développons l'intelligence artificielle pour une santé plus humaine* 147

Patricia Moulin Lemoine – *Ouvrir à tous le champ des possibles* 401

Claire Mounier-Véhier – *Les femmes doivent devenir actrices à part entière de leur santé* 443

Priscilla de Moustier – *Apprendre à écouter et à s'exprimer dès le plus jeune âge* 405

Diane de Navacelle de Coubertin – *Réaffirmer une culture de l'olympisme pour que nos différences rayonnent et soient empreintes d'excellence* 121

Alexandre de Navailles – *Ne jamais redouter l'échec* 361

Gervais Pellissier – *Encourager l'instauration d'un « congé de respiration » et d'engagement au sein des entreprises à l'échelle nationale* 237

Garance Pineau – *Notre système éducatif doit former ses Français plus innovants et confiants* 365

Marie Rabatel – *La devise des personnes handicapées « Rien ne se fera pour nous sans nous » doit être la norme dans notre société* 369

Mathieu Roger-Lacan – *Mettre (vraiment) fin à l'illettrisme* 91

Fanny Rolet – *Faire de la France le leader mondial du biocontrôle* 189

Michel de Rosen – *La France et les Français devraient être plus fraternels !* 375

Nicolas Rousselet – *Recréons en France la force du collectif pour construire une nouvelle paix sociale* 243

Gabriel Sardet – *Réglementer l'intelligence artificielle pour le bien commun* 153

Matthias Savignac – *Refaire de la laïcité un principe phare de notre République et ce en s'appuyant sur le rôle central qu'elle devrait avoir dès l'école* 95

INDEX ALPHABÉTIQUE DES CONTRIBUTEURS

Marlène Schiappa – *Construire une société où la possibilité de réussite des femmes serait équivalente à celle des hommes* 249

Mario Stasi – *Les Français jugés au pénal doivent bénéficier d'un dossier d'enquête équitable* 291

Flore Tairraz – *Puiser dans ce qui est positif en France et s'inspirer de modèles* 379

Anne-Sophie Thomas – *Logement : réaligner les intérêts des investisseurs et des locataires* 411

Léonie Vendola – *Prendre soin les uns des autres* 417

Alice Zagury – *Créer un "incubateur de l'engagement citoyen", pour réunir et soutenir celles et ceux qui agissent au service du bien commun* 255

LES AUTEURS DE DÉBATS PUBLICS

Françoise Adamsbaum
Directrice
Musée International des Arts Modestes (MIAM)

Yaële Aferiat
Directrice
Association française des fundraisers

Jean-Philippe Aka
Fondateur
AfricartMarket

Florence Alix-Gravellier
Vice-présidente
Fédération française de tennis

Gloria D'Almeida
Boxeuse
Équipe de France

Hervé Amar
Président
Ayming

Antoine Amiel
Cofondateur
Learn Assembly

Ahmed Andaloussi
Paratriathlète

Émilie Andéol
Directrice
Fondation Ippon

Jean-Xavier Arnaud
Associé
Tilder

Julien Artu
Président
People Like Us

François Asselin
Président
Confédération générale des petites et moyennes entreprises (CPME)

Jacques Attali
Ancien conseiller spécial de François Mitterrand

André-Jacques Auberton-Hervé
Fondateur
Soitec

Fanny Auger
Fondatrice
The School of Life

Axelle Ayad
Fondatrice
Mapatho

Gilles Babinet
Cofondateur
Isotope Energy

Thomas Bach
Président
Comité International Olympique

Denis Badie
Organisateur de La Féminine de Pau

Bertrand Badré
Fondateur
Blue Like an Orange Sustainable Capital

Simon Baker
Directeur
Maison Européenne de la Photographie (MEP)

Hector Balas
Fondateur
Impala

Jérôme Ballarin
Président
Observatoire de la qualité de vie au travail

Audrey Barbier-Litvak
Cofondatrice
Offishall

Marie Barrot
Fondatrice
AIM Prod

Christiane Baude
Magistrate à titre temporaire

Agnès Bazin
Directrice du développement
Doctolib

Thierry Beaudet
Président
Conseil Économique Social et Environnemental (CESE)

Anne-Sophie Beauvais
Vice-présidente et trésorière
Le Labo des histoires et le Labo de l'écologie

Karim Beguir
Cofondateur
Instadeep

Salomé Berlioux
Fondatrice
Chemins d'avenirs

Maribel Bernard
Présidente
Fondation d'entreprises
Bergonié

Adrien Bisseliches
Associé
My Pop Up Store

Denis Blanc
Directeur général
Ayming

Phillip Blond
Directeur
ResPublica

Christian Bombrun
Directeur
des services digitaux
Groupe MTN

Flore Bonnard
Fondatrice
Rezto

Anissa Bonnefont
Scénariste
et réalisatrice

Bruno Bonnell
Secrétaire général
pour l'investissement
en charge de France
2030
Services du Premier
ministre

Jean-Marc Borello
Président du directoire
Groupe SOS

Valence Borgia
Associée
Medici Law Firm

Kat Borlongan
Directrice
La French Tech

Grégoire Borst
Professeur de
psychologie
du développement
et de neurosciences
cognitives
de l'éducation
Université
Paris-Descartes

**Vanessa
Boudin-Lestienne**
Directrice associée
WHO Talent Partners

Audrey Boulard
Fondatrice
Locatool

Michaël Boumendil
Président
Sixième Son

Vincent Bounes
Directeur
Samu 31

Kevin Bourgeois
Cofondateur
Supermood

Jérôme Bourreau
Fondateur
Anamnese

Nicolas Bouzou
Fondateur
Asterès

Nicolas Brien
Directeur général
France Digitale

Tamara Brisk
Fondatrice
Mokki

Franck Bruel
Senior Advisor
Boston Consulting
Group
(BCG)

**Jean-Martial
Buisson**
Avocat associé
Fromont Briens

Moussa Camara
Fondateur
Les Déterminés

Robert Cantarella
Metteur en scène
et réalisateur

Carolyn Carlson
Danseuse, chorégraphe
et poétesse

Louis Champion
Directeur
UI Investissement

Julie Chapon
Cofondatrice
Yuka

Jérémy Chardy
Directeur
Teréga Open
Pau-Pyrénées

Thibaut Charmeil
Directeur général France
Ayming

Xavier Charpentier
Cofondateur
FreeThinking

Jean-Louis Chaussade
Special Advisor
Accuracy

Élisabeth Chevanne-Brunel
Coprésidente
Association française des coureures cyclistes

Marion Clignet
Coprésidente
Association française des coureures cyclistes

Paul-Adrien Cormerais
Fondateur
Pony

Mathieu Cornieti
Président
Impact Partners

Anne-Marie Couderc
Présidente du Conseil d'administration
Air France-KLM

Professeur Charles Court
Chef de service de chirurgie orthopédique et traumatologique
Hôpital Bicêtre

Thomas Courtois
Président
Nickel

Amy Dahan
Directrice de recherche
Centre national de la recherche scientifique (CNRS)

Julie Dautel
Cofondatrice
Eonef

François Davy
Président
Groupe Adecco

David De Faria
Directeur Pôle Médico-social
Association Régionale pour la Sauvegarde de l'Enfant,
de l'Adolescent et de l'Adulte (ARSEAA)

Paul de Leusse
Directeur général adjoint
Orange

Marie Degrand-Guillaud
Directrice générale déléguée
Nickel

Rachel Delacour
Présidente et cofondatrice
Sweep

Martine Delbos
Directrice générale
Pépinières Guillaume

Maxime Delmotte
Cofondateur
Balibart

Jean-Philippe Derosier
Professeur agrégé de droit public Université de Lille

Tanguy et Marine Desandre
Fondateurs
Maplaceencrèche

Didier Deschamps
Directeur
Chaillot – Théâtre national
de la danse

Mahammed Boun Abdallah Dionne
Ministre d'État
Secrétaire général de la Présidence
de la République du Sénégal
Premier ministre
du Sénégal

Jean-Luc Domenach
Créateur
Université Tsinghua

Ludovic Donati
Directeur du projet
Lithium France
Groupe Eramet

Éric Dournès
Directeur
Groupe Créa-Sud
Communication

Laurence Drake
Déléguée générale
InPACT

Christelle Dubourg
Fondatrice
Cap Women
Organisation

Pierre Dufau
Président de la Ligue
régionale Nouvelle-
Aquitaine de basketball

Mathieu Duquesne
Directeur de la stratégie
SNCF Logistics

Jean-Loup Durousset
Président
Fédération de
l'hospitalisation privée
(FHP)

Béatrice Eastham
Fondatrice
Green Événements

Marie Ekeland
Fondatrice
2050

Caroline Eliacheff
Docteure en médecine,
psychanalyste et
pédopsychiatre

**Delphine Ernotte
Cunci**
Présidente
France Télévisions

Charlotte Euzen
Associée
Tilder

Paola Fabiani
Fondatrice
Wisecom

Domitille Fafin
Directrice des relations
institutionnelles
et de la communication
Shell France

Charlotte Fairbank
Championne de tennis
fauteuil

**Jean-François
Fallacher**
Directeur général
Orange Espagne

Mireille Faugère
Conseillère maître
Cour des comptes

Vanessa Feuillatte
Première danseuse
Opéra national
de Bordeaux

Frédéric Fisbach
Codirecteur
Centquatre

Hubert Flichy
Senior Counsel
Flichy Grangé Avocats

Françoise Forette
Présidente
Comité d'orientation
scientifique et stratégique
International Longevity
Centre (ILC) France

Nicolas Froissard
Porte-parole et
codirigeant
Groupe SOS

**Jean-Baptiste de
Froment**
Conseiller technique
pour l'éducation du
président
de la République Nicolas
Sarkozy

Sophie Gaillet
Fondatrice
Grand-Mercredi

Marianne Gallardo
Project Manager
Engie

Mathieu Gallet
Fondateur
Majelan

Cristina Garmendia
Présidente
Fundación España
Constitucional

Pierre Gattaz
Président
Medef

Julie Gayet
Actrice,
productrice de cinéma
et réalisatrice
française

Marie Georges
Présidente
Willa

Philippe Germain
Directeur
Ciclic Centre-Val de
Loire

Philippe Girod
Président Gouverneur
Audigier

Ana Giros
Directrice générale
adjointe
Equans

David Gordon-Krief
Associé
UGGC Avocats

Laurent de Gourcuff
Fondateur
Paris Society

Élodie Grimoin
Cofondatrice
Urban Canopee

Anne-Sophie Grouchka
Chief Operating
and Transformation
Officer
Allianz France

Isabelle Guichot
Directrice générale
Maje

Sophie Guillin
Directrice générale
Groupe Guillin

Cécile Guillou
Directrice générale
Franprix

Khamsa Habouchi
Directrice adjointe
Centre
Virchow-Villermé

Vanessa Hary
Fondatrice
Savonnerie des
Intrépides

Paul Hatte
Président
Hatis

Nicolas Hazard
Fondateur
Inco

Antoine Henin
Directeur départemental
UNSS du
Lot-et-Garonne

Jérôme Hénique
Directeur général
Orange Afrique
et Moyen-Orient

Christophe Heugas
Médecin biologiste
Laboratoire Biopyrénées

Anne Hidalgo
Maire
de Paris

Nicolas Hieronimus
Directeur général
Groupe L'Oréal

Caroline Hilliet Le Branchu
Directrice générale
La Belle-Iloise

Klaus Hommels
Fondateur
Lakestar

Martin Hook
Directeur général
Ayming UK

Tarek S. Hosni
Directeur général
Alvarez & Marsal

Sarah Huisman-Coridian
Associée fondatrice
Equanity

Thierry Jadot
Président
Dentsu Aegis
Network France

Olivier Jaillon
Directeur général
Wakam

Henri Jeannequin
Directeur général
Maison Marc

Patrick Jeantet
Directeur général
SNCF Réseau

Jean-Paul Julia
Directeur général
Banque Populaire
Bourgogne-Franche-Comté
et Pays de l'Ain

Nathalie Kaïd
Présidente
Sœurs d'encre

Zineb Drissi Kaitouni
Cofondatrice
DabaDoc

Marcel Kahn
Directeur général
Mutuelle d'assurance
des professionnels de la santé
(MACSF)

Nathanaël Karmitz
Directeur général
MK2

Élisabeth Kimmerlin
Présidente
Les Premières
Occitanie

Frederik W. de Klerk
Prix Nobel
de la paix 1993

Guillaume Klossa
Fondateur
EuropaNova

Gaspard Koenig
Fondateur
GenerationLibre

Laureen Kouassi-Olsson
Présidente-directrice générale
Birimian Ventures

Alain Krakovitch
Directeur
SNCF Transilien

Arnaud de Lacoste
Directeur général
Sitel Group

Olivier Lacrampe
Docteur
Laboratoire Biopyrénées

Marc Laidet
Président
FHP Psychiatrie

Ingrid Lamri
Directrice du cabinet
du directeur général adjoint
Engie

Véronique Langlois
Cofondatrice
FreeThinking

Serge Lasvignes
Président
Centre national d'art
et de culture
Georges-Pompidou

Frédéric Latrobe
Associé
Tilder

Audrey Le-Bars
Directrice de projet
Territoire d'industrie
Lacq-Pau-Tarbes

Maud Le Car
Fondatrice
Save La Mermaid

Jean-Yves Le Gall
Président
Centre national d'études
spatiales (CNES)

Ludovic Le Moan
Cofondateur
Sigfox

Fabrice Le Saché
Fondateur
Aera Group

Philippe Lemoine
Président
Fondation Internet
Nouvelle Génération
(FING)

Philippe Lentschener
Président
Publicis France

Mathias Léopoldie
Cofondateur
Julaya

Matthias Leridon
Président-fondateur
Tilder

Enrico Letta
Doyen
École des affaires
internationales
de Sciences Po

Aude Letty
Directrice
Innovation Santé
Groupe Korian

Chen Lifang
Corporate Senior Vice-President
and Director of the Board
Huawei

Bamba Lo
Cofondateur
Paps

Jean-Hervé Lorenzi
Président
Le Cercle des économistes

Pascal Lorne
Fondateur
Gojob

Antoine Loron
Cofondateur
Hublo

Pascal Lorot
Président
Institut Choiseul

Maxime Loubar
Cofondateur et directeur général
Wyes

Marina Maestrutti
Maîtresse de conférences en sociologie
Université Paris 1 Panthéon-Sorbonne

Christine Maffli
Fondatrice
Venera Creation

Naledi Magowe
Cofondatrice
Brastorne

Thierry Malandain
Chorégraphe et directeur
Centre chorégraphique national
Malandain
Ballet Biarritz

Angèle Malâtre-Lansac
Directrice déléguée à la santé
Institut Montaigne

Pierre-Alain de Malleray
Directeur général
Santiane

Béatrice Mandine
Ex-Directrice Exécutive Communication, Marque et Engagement
Orange

Moussa Mara
Premier ministre du Mali

Emma Marcegaglia
Présidente
Eni

Stéphane Mariaccia
Animatrice
KOMedia

Sandrine Martinet
Championne paralympique de judo

Philippe Mas
Fondateur
Modularche

Michel Mathieu
Directeur général
LCL

Olivier Mathiot
Directeur général
2050

Muriel Mayette-Holtz
Directrice
Théâtre national de Nice

Dominique Méda
Directrice
Irisso

Julien Mendez
Directeur général
Institut supérieur Maria-Montessori

Frédéric Messian
Président
Lonsdale

Bruno Mettling
Président
Orange Middle East and Africa

Marc Mézard
Directeur
École normale supérieure – PSL

Sacha Michaud
Cofondateur
Glovo

Christian Miele
Président
German Startups
Association

Valéry Miéral
Président
Volailles Miéral

Éric Mignot
Fondateur
+Simple

Fatiha Mlati
Directrice de
l'intégration
France terre d'asile

Dadou Moano
Cofondateur
RefuHelp

Jean-Paul Mochet
Directeur général
Franprix

Dominique Mockly
Président
et Directeur général
Teréga

Grégory Mollet-Viéville
et Romain Rainaut
Créateurs
Conqueryourday

François De Montaudouin
Advisor
Ayming Institute

Filippo Monteleone
Directeur général
délégué
Ramsay Santé

Louise Morel
Députée
6e circonscription du
Bas-Rhin

Élisabeth Moreno
Ex-ministre déléguée à
l'Égalité
entre les femmes et les
hommes,
à la Diversité et à
l'Égalité des chances

Aurélie Motta-Rivey
Vice-présidente
Association française
pour les Nations unies
(AFNU)

Antoine Motte
Président
Constructions-3D

Patricia Moulin Lemoine
Présidente du Conseil
de surveillance
Groupe Galeries
Lafayette

Peggy Munich
Fondatrice
Femmes Chefs
d'Entreprises (FCE)
Landes

Claude Nahon
Directrice
Environnement
développement durable
EDF

Séverin Naudet
Directeur général analyse
Socialyse

Diane de Navacelle de Coubertin
Présidente
Commission éducation
culture héritage
Fédération
internationale
du sport scolaire

Alexandre de Navailles
Directeur général
KEDGE Business School

Olivier Nicolas
Membre du comité
exécutif
LCL

Céline Orjubin
Cofondatrice
My Little Paris

Kevin Ortega
Fondateur
Coiff in the Street

Haïba Ouaissi
Cofondateur
LexDev

Amélie Oudéa-Castéra
Directrice marketing et
digital
Groupe AXA

Rachid Ouramdane
Codirecteur
Centre chorégraphique national
de Grenoble

Ali Parsa
Fondateur
Babylon

Michel Paulin
Directeur général
OVHcloud

Guillaume Pepy
Président
Initiative France

Emmanuel Petiot
Directeur général
Deinove

Nicolas Petrovic
Président
France et Belgique
Siemens

Laurent Petrynka
Président
Fédération internationale
du sport scolaire

Céline Peudenier
Membre du directoire
Groupe SOS

Fabien Piazzon
Associé Qualité de vie au travail
Ayming

Alain Picard
Directeur général
SNCF Logistics

François Pignol
Directeur Grands comptes Luxe
Google Paris

Laurie Pilo
Directrice générale
BeNeLux Ayming

Dominique Pitoiset
Directeur général et artistique
Opéra de Dijon

Thomas Plantenga
Directeur général
Vinted

Éléna Poincet
Cofondatrice
TEHTRIS

Olivier Poivre d'Arvor
Ambassadeur de France en Tunisie

Célia Poncelin
Fondatrice
Lunetist

Marie-Alice Thierry-Portmann
Directrice
des ressources humaines
Ayming

Philippe Pouletty
Cofondateur
Truffle Capital

Cyril Quenet
Cofondateur
Label Famille

Pierre Rabhi
Créateur
Colibris

Jonas Ramuz
Cofondateur
Quai 36

Laure de La Raudière
Présidente
Autorité de régulation des communications électroniques,
des postes et de la distribution
de la presse (Arcep)

Matina Razafimahefa
Cofondatrice
SAYNA

Raymond Redding
Directeur général du courrier
Groupe La Poste

Florian Reinaud
Cofondateur
Concilio

Helmut Reisinger
Directeur général
Orange Business Services

Delphine Remy-Boutang
Fondatrice et CEO
Journée de la femme digitale

Hugues Renson
Vice-président
Assemblée nationale

Sandra Rey
Fondatrice Glowee

Cyril Ribaut
Responsable Sport'R
Macron Pau

Stéphane Richard
Président-Directeur général
Orange

Anne Rigail
Directrice générale
Air France

Cédric Ringenbach
Président
Blue Choice

Rémy Rioux
Directeur général
Agence française de développement

Gaël Riva
Organisateur
Drive Repas solidarité de la Loubière

Robin Rivaton
Directeur général
Agence d'attractivité et d'innovation de la région Île-de-France

Lucie-Éléonore Riveron
Cofondatrice
Fauve Paris

Patrick Ropert
Directeur général
SNCF
Gares & Connexions

Père Matthieu Rougé
Docteur en théologie

Nicolas Rousselet
Président-Directeur général
Groupe Rousselet

Gérard Saillant
Président de la commission médicale Fédération Internationale de l'Automobile (FIA)

Cédric Sanial
Agriculteur en Haute-Loire

Michel Sapin
Ministre des Finances et des Comptes publics

Marie-Laure Sauty de Chalon
Présidente
Carat Interactive

Jacques-Olivier Schatz
Directeur des opérations
Wakam

Wolfgang Schäuble
Ministre fédéral des Finances

Olivier Schwartz
Directeur de l'unité virus et immunité
Institut Pasteur

Vincent Sciandra
Directeur général
METRON

Hervé Seck
Chef de projet
Diambars

Mouna Sepehri
Associée
Tilder

Olivier Sibony
Associé
McKinsey

Yannick Silva
Fondateur
Yanook

Victor Simon
Président
WorldSkills France Champions

Zohra Slim
Cofondatrice
Instadeep

Alvaro de Soto
Professeur
École d'affaires internationales de Sciences Po

Martin Stephan
Directeur général adjoint
Carbios

Martin Stimela
Cofondateur
Brastorne

Volkan Tanaci
Fondateur
CityBzz

Aurélie Thévenet
Fondatrice
Linestie

Jean Todt
Président
Fédération internationale de l'Automobile (FIA)

Albert Toikeusse Mabri
Ministre des Affaires étrangères République de Côte d'Ivoire

Camille Thomas
Violoncelliste

Vincent Tomasetig
Président
Maker Béarn

Michaël Trabbia
Directeur exécutif, CEO
Orange Wholesale

Marie Trellu-Kane
Présidente
Unis-Cité

Iheb Triki
Cofondateur
Kumulus

Cécile Verdier
Présidente
Christie's France

Agnès Verdier-Molinié
Directrice
Fondation iFRAP

Emmanuelle Verger-Chabot
Directrice
EDF Hydro

Augustin Verlinde
Cofondateur
Frizbiz

Gilles Vermot Desroches
Directeur du développement durable
Schneider Electric

Daniel Vervloet
Président
Fédération française d'allergologie (FFA)

Martin Vial
Directeur général
Europ Assistance

Frédéric Vincent
Président du Conseil d'administration
Nexans

Benoît Voituriez
Directeur administratif et financier
Ballet Preljocaj

Jean-Pierre Wiedmer
Président
HSBC Assurances

Antoine De Wilde
Président
La French Run

Pascale Witz
Fondatrice
PWH Advisors

Minggang Zhang
Directeur général adjoint
Huawei France

Camille Zonca
Cofondatrice
Label Famille

Débats Publics s'engage dans une démarche
de développement durable par respect pour ses lecteurs
et pour l'environnement.
La conception, la composition et l'impression de ce livre
ont été réalisées en France.

Conception graphique
Catherine Benini

Composition et mise en pages
Nord Compo

Imprimeur
Normandie Roto Impression s.a.s.

Première édition : novembre 2024

Cet ouvrage est également disponible au format eBook.

L'Imprimerie Normandie Roto SAS est labellisée
Imprim'Vert®,
et la couverture ainsi que le papier intérieur de l'ouvrage
sont issus de forêts certifiées PEFC.

ISBN : 978-2-38595-043-9
Achevé d'imprimer en novembre 2024
Dépôt légal : novembre 2024
N° d'impression : 2401798

Imprimé en France